MW00780330

La Kabbalah du Ari Z'al selon le Ramhal

Rabbi Moche Hayim Luzzatto

כללות האילן הקדוש

Traduction et commentaires par Rav Raphaël Afilalo

Les notes et commentaires sont basés sur les livres du Ramhal
et en particulier sur :

קלח פתחי חכמה & פתחי חכמה ודעת

Du même auteur:

Kabbalah of the Ari Z'al according to the Ramhal
Kabbalah Editions

Kabbalah Dictionary
Kabbalah Editions

Kabbalah Glossary
Kabbalah Editions

Kabbalists and their works
Kabbalah Editions

160 Questions sur la Kabbalah
Kabbalah Editions

Kabbalah concepts
Kabbalah Editions

Kabbalah Editions, 2006 –
www.kabbalaheditions.com
www.kabbalah5.com
rav@kabbalah5.com
ravraphael@yahoo.com

Afilalo, Raphael
    La Kabbalah du Ari Z'al: Selon le Ramhal / Raphael Afilalo
p.cm.

ISBN 2923241045

1.Cabala. 2. Mysticism—Judaism. I. Afilalo, Raphael. II..
BM525. BM723 2006
296.1'6

A la mémoire de mon père
Henri Afilalo ז״ל
אברהם דוד חנניה אפיללו בר מירא ז״ל

MORDECHAI ELIAHU
FORMER CHIEF RABBI OF ISRAEL & RICHON LEZION

מ ר ד כ י   א ל י ה ו
הראשון לציון והרב הראשי לישראל לשעבר

APPROBATION

ב"ה

יחי' שם תשס"ג

GRAND RABBINAT DU QUÉBEC

A Rav Raphaël Afilalo

Le 11 Mars, 2004,

Cher Raphaël,

C'est avec un vif plaisir que j'ai entrepris la lecture de votre œuvre, qui met à la portée du grand public les thèmes de la Quabbale Lurianique, vue par notre maître le Ramhal.

Il est évident que vos efforts investis dans cette œuvre débouchent sur des résultats, qui feront que votre traduction et vos commentaires seront d'un grand appoint à ceux qui entreprennent l'étude de la Qabbale.

Avec les bénédictions de la Tora.

Dr. David Sabbah, Grand Rabbin

Beth Ramhal
JERUSALEM

בס"ד

APPROBATION

A l'attention de mon très cher ami :
Rav Raphaël Afilalo

J'ai bien regardé ce grand et important travail que vous avez accomplit en traduisant
et expliquant le livre « klalout Hailan » de l'homme de D.ieu ; Rabbi Moshé Hayim
Luzzatto.

Quel bienfait qu'une chose soit faite en son temps ; alors que maintenant l'obscurité
grandit et que beaucoup de publications déforment la sagesse de la vérité (Kabbalah)
à partir de textes nourris de mystique obscure.

A présent, voici qu'un grand homme est arrivé et a fait réparation par sa juste
traduction et interprétation de cette science.

J'ai bien parcouru ce texte et j'ai trouvé un travail soigné et avec une grande
exactitude, digne d'être publié dans cette période de fin des temps.

Avec toutes les bénédictions de la Torah,
Votre ami sincère,

Rav Mordekhai Chriqui

בית כנסת • כולל אברכים • כולל ערב • מכון הוצאה לאור • קרן הבנין

ת.ד. 43204 רח' קצנלבוגן 73 ירושלים 91400 • טל: 02-6535101 • פקס: 02-6510821 :Fax • Israel ,91400 Jerusalem ,73 Katenelbogen ,43204 .B.P

Rabbi David R. Banon
4773 Rue Clemenceau
Chomedey- Laval
P.Q H7w 2j5
Tel: (450) -681-5412
Fax: (514)-341-0594

בס"ד

דוד רפאל באנון
רומ"ץ ק"ק ספרדית בלאוואל
וחבד"ץ דמונטריאל יע"א

הסכמה

בא לפני ידידי הרב דכולל לכללא שי' הרי כאחנו
ק' מונטריאל אשר יוציא ספר חשוב לקבוץ הטורי וכו' אל ב'
הראשונים לפרש אשר יצא לאורה כדי להגדיל אל ולעוד
הקדש, לעודרי השבות לרבנים ולבטלו כדי להכיל
את ליאות הקבלה של שלתחנם, ובא הק' קבלה
לדוך שישין לחקר עוד כהנה וכהנה וזכות הראות
יעמוד לו ולבניו לאחרין מנ'.

החונם לכב' התורה היום ח' לח אדר תשס'

דוד רפאל באנון
תכלד? מונטריאל יע'א

Table des matières

Avant-propos

L'étude de la Kabbalah

Il y a dans la Torah deux commandements, parmi tous les commandements positifs, qui nous indiquent de quelle façon servir notre Créateur :

"וידעת היום והשבת אל־לבבך כי יהוה הוא האלהים בשמים ממעל ועל־הארץ מתחת אין עוד".

« Sache à présent et imprime le dans ton cœur, que l'Eternel seul est D.ieu, dans le ciel en haut comme ici bas sur la terre, qu'il n'en est point d'autres. » (Devarim. 4-39)

"ושמרת את־חקיו ואת־מצותיו אשר אנכי מצוך היום אשר ייטב לך ולבניך אחריך ולמען תאריך ימים על־האדמה אשר יהוה אלהיך נתן לך כל־הימים".

« Et tu observeras Ses lois et Ses commandements, que je te prescris aujourd'hui, pour ton bonheur et pour celui de tes enfants après toi, et afin que ton existence se prolonge sur cette terre que l'Eternel, ton D.ieu te donne à perpétuité. » (Devarim. 4-40)

Le premier nous ordonne clairement de connaitre notre Créateur, le deuxième ; d'observer et d'accomplir les lois qu'Il nous prescrit.

Ces deux commandements se suivent, et mettent en premier lieu : La connaissance de la volonté et de l'unicité de D.ieu « dans le ciel en haut » ; donc dans ce qui ne nous est pas visible ; telles que les forces[1] qui exécutent Sa volonté, ainsi que « sur la terre ici-bas » ; où sont les manifestations de Sa volonté, et l'effet de nos actions. Et en deuxième lieu : L'observation et l'accomplissement des commandements. Ils se suivent, comme pour affirmer que ce n'est qu'après avoir compris, et saisi Sa volonté, que nous pouvons exécuter une véritable observance des lois et commandements qu'Il nous prescrit.

Tous les Kabbalistes sont d'accord pour dire, qu'il nous est impossible d'avoir la moindre notion de Sa Nature, car notre compréhension ne peut atteindre ce niveau. Mais, nous pouvons apprendre à connaître Sa volonté ou, comment et pourquoi Il a créé ce monde, de quelle façon Il le dirige, la provenance des âmes et des anges, la raison de l'existence du mal, le pourquoi de la récompense et punition, etc.

La Kabbalah est la seule science qui, dans les moindres détails, nous explique la véritable direction du monde, afin de pouvoir comprendre Sa volonté.

La Kabbalah nous enseigne aussi, que la direction du monde, est un système très complexe de forces ou lumières, qui par leurs interactions, provoquent des réactions en chaînes qui influent directement sur les hommes et les mondes. Chacune de ces réactions a de très nombreuses ramifications, avec nombre de détails et de résultats. Elle nous démontre l'importance de l'homme, car lui seul, peut par son rapprochement au Créateur, influencer ces incroyables forces.

La Torah, contient quatre niveaux de compréhension, dont

---

1. Lumières – *Sephirot.*

le plus haut est le Sod[2]. A ce niveau, nous comprenons que chacune des *Téfilot* et *Mitsvot*, ont des effets, et une influence directe sur les mondes supérieurs, et donc sur la direction. Ainsi, une véritable compréhension de la volonté du Créateur, ne peut être saisie qu'à partir de la connaissance de la Kabbalah, qui elle seule, nous enseigne les profonds secrets de notre sainte Torah.

Kabbalah vient du verbe *Lekabel* (recevoir), afin de recevoir, il faut d'abord vouloir. Quand l'homme décide qu'il voudrait connaître son Créateur, il réalise en apprenant cette science, sa petitesse par rapport à l'infinité de ces forces, ainsi que la perfection du Seigneur et Son amour infini pour Ses créatures.

Ce n'est donc que par l'étude de la Kabbalah, que nous pouvons accomplir le commandement de « וידעת היום » (Sache à présent), et ainsi comprendre ce qui nous est permis de connaître de D.ieu : Sa volonté, comment Il dirige le monde, et de quelle façon nous pouvons aider et y participer. Comme il est écrit :

"ובקשתם משם את־יהוה אלהיך ומצאת כי תדרשנו בכל־לבבך ובכל־נפשך"

« Tu rechercheras de là-bas le Seigneur ton D.ieu, et tu le trouveras si tu le cherches de tout ton cœur et de toute ton âme. » (Devarim 4-29)

---

2. Secret.

—

La vie du Ramhal

La vie du Ramhal

Ramhal forme les initiales de Rabbi Moche Hayim Luzzatto, qui naquit dans le ghetto de Padoue en Italie en 1707. Ses parents, Jacob Vita et Diamente Luzzatto, étaient des gens nobles, mais modestes et pieux. Ils donnèrent à leur fils une formation Yechivatique, alors que d'autres parents préféraient pour leurs enfants la faculté de Médecine de l'Université de Padoue. Dès son plus jeune âge, Ramhal démontre un talent exceptionnel pour l'étude de la Kabbalah, dans une lettre adressée à Rabbi Mordekhai Yaffé de Vilna, par son ami et élève Rabbi Yekoutiel Gordon, nous lisons :

> « Ramhal avait à peine quatorze ans, qu'il connaissait déjà toute la Kabbalah du Ari Z'al par cœur, et personne n'était au courant, pas même ses parents. »

A l'âge de quinze ans, il écrit déjà son premier livre de Kabbalah[3]. Son maître, le Rabbin Isaïe Bassan, célèbre Talmudiste, et un des grands Rabbins d'Italie, écrit à propos du Ramhal :

> « Je lui ai communiqué chaque étape de la connaissance, et toutes mes possessions spirituelles étaient à sa disposition, car rien n'était caché à ce génie assoiffé de savoir... Il cherchait dans toute ma bibliothèque pour trouver quelques uns des écrits de Kabbalah que D.ieu m'avait accordé, puis il traversait le courant, en goûtant

---

3.   Voir, Prof. Meir Benayahou, Kabbalistic writings of R M.H. Luzzatto.

au « *'Ets 'Hayim* ». Son esprit se mit alors à arpenter la plaine des secrets et commença à les aimer et à s'en délecter[4]... »

A l'âge de dix sept ans, il dénote déjà certaines contra-dictions dans le « *'Ets 'Hayim* »[5]. Aussi, il compose son livre « Lechone Limoudim », dans lequel il précise les règles modernes des genres, de la stylistique, de la rhétorique et de la versification, qui doivent désormais guider les écrivains rédigeant leurs œuvres en Hébreu. Ramhal y montre déjà une habilité sans égale dans l'utilisation des métaphores, et particulièrement dans les assonances ; il utilise cette habileté avec la plus grande efficacité dans ses différents écrits dramatiques. C'est grâce à ces derniers, que Ramhal sera proclamé « le père de la littérature hébraïque moderne »[6].

Plus tard, un *Maguid*[7] se révèle au Ramhal, dans une lettre adressée à Rabbi Benjamin Hacohen, en décembre 1729, il écrit :

> « ... alors que je méditais sur un *Yi'houd*, je me suis endormi, et lorsque je me suis réveillé, j'ai entendu une voix ; « Je suis descendu pour révéler des secrets cachés du Saint Roi ». Je restais un moment tremblant, puis je me suis ressaisi et la voix n'a cessé de révéler des choses mystérieuses. Le lendemain à la même heure, je pris la précaution d'être seul dans ma chambre, la voix s'est alors remanifestée pour me révéler un autre secret,

---

4.   Iguerot p. 59.
5.   Iguerot p. 5.
6.   Rav Mordekhai Chriqui, « Rabbi Moché Hayim Luzzatto, Le flambeau de la Cabale ».
7.   Mentor céleste.

jusqu'au jour ou elle me révéla qu'elle était un *Maguid...* Trois mois plus tard, il me transmit d'autres *Yi'houdim* à accomplir quotidiennement, afin de mériter la visite du prophète Elie... Puis le prophète Elie vint raconter des secrets célestes; il annonça ensuite la venue de *Matatron* – le grand Prince des Anges...»

Sous la dictée du *Maguid*, il écrit des milliers de pages et dévoile de sublimes secrets.

Un cercle d'étude mystique se forme autour du Ramhal, son but : La lecture et l'étude permanente du Zohar,[8] et le *Tikoun Hachekhina* et de tout Israël. L'adhésion à ce cercle exigeait de se conformer à des règles de pureté et de dévotions mises par écrit, et signées par les membres.

Une fois les buts de ce cercle d'études et le dévoilement du *Maguid* connus, certains Rabbins et plus particulièrement, le Rav Moche 'Haguiz, commencèrent à faire la guerre au Ramhal. Pour eux, suite au déchirement dans la communauté d'Israël causé par le mouvement pseudo-messianique du faux messie Sabbataï Tsevi[9], le mysticisme et la Kabbalah étaient synonymes d'égarement et de danger pour la communauté.

Cette guerre, ou plutôt cette persécution ; les attaques ne venant que d'un seul sens, sont largement décrites dans les correspondances entre le Ramhal et son maître, le Rabbin Bassan[10]. Une des lettres écrites par le Ramhal nous démontre

---

8.   Cette lecture continuelle du Zohar est maintenant réinstaurée au Centre Beth Ramhal par le Rav Mordekhai Chriqui.
9.   Qui se convertit à l'Islam en 1666.
10. Largement rapportées et commentées par le Rav Mordekhai Chriqui, dans «Rabbi Moché Hayim Luzzatto, Le flambeau de la Cabale» Editions Ramhal, Jérusalem, et dans «Iguerot Ramhal Ouvné Doro».

son esprit de paix et sa supériorité aux basses querelles; à ce sujet il écrit d'ailleurs à son maître :

> « Essayez par votre sagesse, maître, d'abolir leurs arguments... à quoi servirait cette querelle... je ne veux créer de conflit avec quiconque... c'est la paix dont nous avons besoin... »

Au Rabbin Moche 'Haguiz, Ramhal écrit :

> « A l'illustre sage... son nom est parmi les grands... fils de justes... comment vous, un sage – comme un ange de D.ieu, êtes-vous parti en guerre sans chercher à approfondir le problème; déclarer une guerre contre quelqu'un que vous n'avez jamais vu ni connu... Non ce n'est pas une bonne chose. En tous cas, arrêtons cette querelle... ne faisons pas place au Satan pour le laisser danser parmi nous... »

Pendant cinq années se prolonge une période de persécution où, nous voyons Ramhal essayer de se défendre, de répondre aux accusations, particulièrement à celles du Tribunal Rabbinique de Hambourg, dont le Rabbin Ezekiel Katzenellenbogen[11] en était le chef. Mais que lui reproche t-on finalement ? Rien vraiment, sauf peut-être d'avoir écrit sur la Kabbalah, de mentionner le Messie, et de dévoiler ses communications avec le *Maguid*[12]. Pourtant, jamais, et dans aucun écrit, il ne fait allusion à sa propre personne comme

---

11. Par «coïncidence» l'unique centre dédié au Ramhal, Beth Ramhal créé par le Rav Mordekhai Chriqui, se trouve sur la rue Katzenellenbogen à Jérusalem.

12. Voir Rav Mordekhai Chriqui, «Le Maguid et les Ecrits Zohariques», Editions Ramhal, Jérusalem.

étant le Messie ou un sauveur quelconque. Dans une de ses lettres aux Rabbins de Livourne il écrit :

« Des miracles je n'en fais pas, prédire l'avenir non plus. En réalité, beaucoup de gens m'entourent pour étudier la Torah, ensuite, j'écris un certain nombre de livres comme le Seigneur me le permet. (...) Même les magiciens de Pharaon ont pu réaliser des miracles devant Moise (...) Et à mon humble avis, ce n'est pas la manière de vérifier le contenu d'une science. »

Malgré cette déclaration qui ne peut être plus claire, et sur l'insistance du Rabbin M. 'Haguiz, on fait signer au Ramhal une rétractation officielle en 1730 de ses écrits, et dans ce document il approuve que :

« Le devoir de tous Juif est d'obéir à l'ordre des Rabbins, même s'ils disaient que la main droite est la main gauche et que la main gauche est la main droite, et d'arrêter d'écrire dans le langage du Zohar sur la Kabbalah, au nom d'un *Maguid* ou d'âmes saintes, afin de ne pas provoquer de querelles au sein des sages d'Israël. »

Suivant cet engagement, Ramhal envoie tous ses écrits Kabbalistiques d'avant 1730, à son maître Rav Bassan qui les scella dans une boite et les remit au Rabbin Moise Alproun à Padoue.

De 1730 à 1734, Ramhal écrit plus de 40 ouvrages de Kabbalah, non pas au nom du Maguid, afin de respecter son engagement, mais plutôt dans un langage clair et rationnel.

En 1735, à l'age de 28 ans, n'en pouvant plus de se faire harceler, il quitte l'Italie seul pour la Hollande.

De passage à Frankfort, il rencontra le Dayan Rabbi Ya'akov Papiroch, ce dernier le somma de quitter, et le força à signer un autre engagement l'empêchant d'écrire et d'étudier avec quiconque des écrits de Kabbalah, mais tout en se gardant le droit d'étudier les écrits du Ari Z'al à l'âge de quarante ans, que malheureusement Ramhal n'atteindra pas[13].

Les choses ne se calmèrent qu'en 1736; à la mort de son maître le Rav Bassan, de l'enterrement de la malle qui contenait les écrits manuscrits, et de la grande maladie de Rav 'Haguiz.

A Amsterdam, une période d'accalmie suivit jusqu'en 1743, là-bas, Ramhal fut nommé *Roch Yechiva* et écrit son livre le plus populaire, et un des plus étudié dans les *Yechivot* jusqu'à aujourd'hui : *Mesilat Yecharim* – La voix des justes[14]; chef-d'œuvre d'éthique non moralisatrice. Dans la même période, il publie deux autres œuvres importantes; *Da'at* Tevounot[15] – Les voies de la direction Divine, et *Derekh Hachem*[16] – La voie de D.ieu

En 1743, il réalise son rêve de monter en Eretz Israël, car comme disent nos sages : « La résidence en terre d'Israël est un commandement contenant toute la Torah »[17]. Très peu de détails sont connus sur sa vie en Israël, sauf qu'il aurait habité la ville d'Acco, prés de Tibériade. Son séjour là-bas fut de

---

13. Comme le Ari Z'al, qui décéda avant l'age de quarante ans.
14. Traduit en Français par le Rav Mordekhai Chriqui, Editions Ramhal, Jérusalem.
15. Traduit en Français par le Rav Mordekhai Chriqui, Editions Ramhal, Jérusalem.
16. Traduit en Français par le Rav Mordekhai Chriqui, Editions Ramhal, Jérusalem.
17. *Or Ha'hayim* (Devarim, 30, 20).

courte durée, puisqu'il décéda en 1746 à l'age de 39 ans avec sa famille, lors d'une épidémie.

Une question se pose, Ramhal a t'il écrit des livres en Eretz Israël ? Aucun n'est connu à ce jour, mais il serait difficile de croire que, après avoir été persécuté afin de ne pas écrire, qu'une fois sa pleine liberté retrouvée, il ne l'ait pas fait.

Comme plusieurs grands génies de l'histoire, le Ramhal ne fut surtout reconnu qu'après sa mort. De grands maîtres tel que le Gaon de Vilna, déclara que si Ramhal était vivant, il irait à pied en Italie pour apprendre de sa sagesse. Au sujet du *Messilat Yecharim* il dit :

> « Ce livre témoigne de la grandeur de son auteur et de sa vision extraordinaire de l'élévation humaine... »

Le Maguid de Mezritche disait :

> « Sa génération ne méritait pas ce grand homme... C'est ainsi que nombreux sont ceux parmi notre peuple qui, par manque de connaissance, ont proférés sur ce juste des calomnies non justifiées. »

Il est dommage que certains Rabbins de sa génération, l'aient prit à tort pour un imposteur, et l'ait ainsi empêché de léguer au peuple d'Israël d'autres magnifiques œuvres.

Prions pour que notre génération ait le mérite du dévoilement de tous ses écrits, et en particulier du « Zohar Tiniana »[18], qui fut enterré avec ses autres livres par les Rabbins de Francfort.

Amen.

---

18.   Le deuxième Zohar.

Introduction

La traduction et l'explication de ce livre, ont deux objectifs :
Le premier ; est de mieux faire connaître le Ramhal au public
francophone, le second ; est de faire connaître la Kabbalah
authentique. Car, il y a aujourd'hui une quantité énorme de
livres qui utilisent le nom de « Kabbalah » dans leurs titre,
mais malheureusement, la très grande majorité ne traite pas du
tout de Kabbalah, mais plutôt de divers sujets d'ésotérisme,
très souvent douteux.

Le livre du Ramhal « כללות האילן הקדוש » ou « l'Essentiel de
l'Arbre Saint » est un résumé de l'œuvre maîtresse du Ari Z'al ;
le « 'Ets 'Hayim ». Il décrit l'évolution des mondes, des
Sephirot et des *Partsoufim,* dans un language concis qui ne
retient que l'essentiel. Divisé en dix chapitres, il commence
avec la première manifestation de la création, les mondes
antérieurs, les *Sephirot,* jusqu'à nous expliquer les systèmes de
réincarnation des âmes.

Le Ramhal nous explique, que pour apprendre la science de
la Kabbalah, qui contient énormément de détails, il faut en
premier lieu avoir une image, ou une idée générale de l'arbre
Sephirotique. Une fois familier avec cette idée générale, on
peut commencer à étudier et comprendre, tous les détails qui
clarifieront cette première image.

Il faut aussi être familier avec les termes et appellations qui
sont utilisés, car dans le langage de la Kabbalah, nous
utilisons l'anthropomorphisme uniquement pour illustrer le
sens ésotérique de ces forces. Il est bien entendu, qu'il n'y

existe à ces niveaux aucune forme physique. Quand des noms tels que bouche, oreilles, ou d'autres parties physiques sont utilisés, le but est de décrire la métaphore ou, la position qu'ils représentent.

La compréhension de cette science est un long voyage, mais combien gratifiant. Comme tout départ, il faut d'abord faire un premier pas, une étude sérieuse de ce livre, avec d'autres livres du Ramhal, permettra au lecteur d'avancer lentement mais sûrement, vers la connaissance de la véritable Kabbalah.

Je voudrais remercier mon épouse Simona pour sa patience et ses encouragements. Je tiens aussi à remercier le Rav Mordekhai Chriqui, un véritable ami, pour m'avoir en premier initié à la Kabbalah, et pour son apport important à la rédaction de cet ouvrage. Que D.ieu lui accorde Son aide pour continuer à propager les écrits, et la connaissance du Ramhal à travers le monde. Finalement, un grand merci, et une reconnaissance particulière à une personne très spéciale ; mon frère Armand, pour son amitié et son support constant. Que D.ieu le comble de bénédictions et le fasse réussir dans toutes ses entreprises.

Premier chapitre

L'unicité, le *Tsimtsoum,*
Adam Kadmon

Introduction

Au début, rien n'existait à part Sa présence, Sa lumière ou énergie étant d'une si grande intensité, aucune existence dans Sa proximité n'était possible. Son premier acte dans cette création, fut de contracter Sa lumière d'un certain espace, afin de diminuer son intensité, et ainsi permettre aux créatures d'exister. Suite à cette contraction, un rayon de Sa lumière pénétra cet espace vide, et forma les premières *Sephirot.* Un premier monde ; «*Adam Kadmon*» fut créé, de lui sortirent d'autres lumières – *Sephirot.* N'ayant pas de réceptacles individuels, ces lumières retournèrent à leurs sources, et ressortirent différemment. Ceci est appelé *'Olam Ha'akoudim* (le monde des attachés).

a) Avant que le monde ne fut créé, Lui et Son Nom ne faisaient qu'Un. Manifestant Sa Volonté, Il rétracta Sa lumière, afin de créer toutes les créatures, en leur donnant un espace. Il n'y a point d'existence, qui n'ait son espace.

א. עד שלא נברא העולם היה הוא ושמו אחד. רצה וצמצם אורו לברוא כל הבריות, נתן להם מקום. איך לך דבר שאין לו מקום.

L'espace [d'où la lumière se rétracta] étant circulaire, le *Ein Sof*[19] l'entoure de tout les cotés. Un rayon [*Kav*] émergea de Lui, entra d'un coté, et forma tous les degrés[20].

נמצא המקום שווה לכולם. והאין סוף ב"ה מקיפו לכל צד. וקו יוצא ממנו לצד אחד, בוקע ונכנס, ועושה כל המדרגות.

Au début, le Créateur était seul et remplissait de Sa lumière tout espace. Sa lumière sans fin, frontière ou limite, occupait tout. Il n'influençait pas, car il n'y avait rien pour recevoir son influence. Quand Il désira créer, Il commença à influencer. Sa lumière étant si pure et intense, il est impossible pour toute créature d'exister dans Sa proximité. Son premier acte dans la création, fut donc de mettre des limites à Sa lumière infinie, afin qu'elle ne diffuse pas de toute sa force.

Par ces frontières, Il révéla les concepts de rigueur et limites, nécessaires aux êtres crées, et donna alors un espace pour l'existence de toutes les créatures. Ceci est appelé le

19. L'infini – Le Sans Fin.
20. *Sephirot.*

« *Tsimtsoum* »[21] du *Ein Sof*; la rétraction de Sa lumière d'un certain espace, et l'encerclant. Cet espace circulaire s'appelle « *'Halal* »[22], et contient toutes les possibilités d'existence d'êtres séparés, car ils se trouvent à distance de l'intensité de Sa lumière.

Quand Sa lumière se rétracta en formant l'espace circulaire, elle laissa à l'intérieur son empreinte; que l'on nomme « *Rechimou* »[23]. Cette lumière de moindre intensité, permit un espace d'existence (*Makom*) à tout les mondes et créatures. Par « espace », il ne faut pas comprendre un espace physique, mais plutôt, la possibilité d'existence. La racine de toutes existences et événements futurs sont dans le *Rechimou*. Rien, qui n'ait son origine dans cette empreinte, ne pourrait se manifester. Toutefois, seul le Créateur décide de ce qui vient à exister, et guide le tout.

Du *Ein Sof*, un rayon de lumière rectiligne; appelé « *Kav* »[24], entra dans le *'Halal*. La combinaison du *Kav* et du *Rechimou*, est ce qui donna existence aux *Sephirot* avec lesquelles Il dirige les mondes. Ce que le *Kav* est au *Rechimou*; l'âme est au corps.

Ils [Les *Sephirot*] sont dix niveaux, avec des qualités incommensurables. Dix cercles, et dans leur milieu; dix linéaires ayant les qualités du *Ein Sof*; bonté, rigueur et miséricorde.	עשר מדרגות הן, מדתן שאין להן סוף. עשרה עגולים, ויושרם באמצען, שבהן מידותיו של מקום — חסד, דין, רחמים.

---

21. Rétraction.
22. Espace vide.
23. Empreinte ou trace.
24. Rayon.

Il dirige Ses créatures avec justice, récompensant et punissant, transformant tout le mal en bien, et amenant Ses créatures à Sa Volonté. Comme il est écrit : « Je Suis le premier et le dernier et à part Moi il n'y a point de D.ieu. » (Isaïe, 44, 6).

מנהג כל בריותיו במשפט,
משכיר ומעניש, ומחזיר כל
רעה לטובה, ומביא בריותיו
לרצונו.
וכן הוא אומר (ישעיה מד, ו):
"אני ראשון ואני אחרון
ומבלעדי אין אלהים".

Tout ce que D.ieu a créé dans ce monde, Il le créa pour Sa gloire, comme il est écrit : « Tout ce qui est appelé par Mon Nom et à Ma gloire, Je l'ai créé, formé, et même fait. » (Isaïe, 43, 7).

כל מה שברא הקב"ה בעולמו
לא בראו אלא לכבודו,
שנאמר (ישעיה מג, ז):
"כל הנקרא בשמי ולכבודי
בראתיו יצרתיו אף עשיתיו".

Et il dit : « D.ieu régnera à jamais. » (Chemot, 15, 18).

ואומר (שמות טו, יח):
"ה' ימלוך לעולם ועד".

Après être entré dans le *'Halal*, le *Kav* forma dix cercles s'encerclant l'un l'autre, tout en gardant la forme droite. Ces dix cercles s'appellent *Sephirot Igoulim*; *Sephirot* circulaires. Elles sont en charge de la direction générale des mondes, et ne sont pas influencées par les actes de l'homme.

A partir du *Kav*, dix autres *Sephirot* furent formées, cette fois ci en trois piliers : Droit, gauche, et centre, représentant la direction du monde selon le mode de *'Hessed*, *Din*, et *Ra'hamim* (bonté, rigueur et miséricorde). Cette direction est dépendante du temps et des actes des hommes.

b) Dix *Sephirot*; intérieures et extérieures, leurs formes est comme celle d'un homme, le premier de tous; *Adam Kadmon* [l'homme primordial]. De la lumière qui avait été investie en lui, sortirent [des ramifications] ses quatre sens : La vue, l'ouie, l'odorat et la parole.

ב. עשר ספירות פנימיות וחיצוניות דמיונן כמראה אדם. הראשון שבכולם - אדם קדמון. וממה שנגבל בפנים יוצאים ארבע חושים חלק ממנו: ראיה, שמיעה, ריח, דיבור.

Les *Sephirot* sont les qualités ou particularités de forces, par lesquelles le *Ein Sof* dirige les mondes. Sa lumière est parfaite, et ne peut être mesurée en aucune qualité ou terme limitatif. Si nous parlons de qualités, nous insinuons une notion de limite, ou absence de son opposé. Mais, la possibilité de limite sans limites est au-dessus de notre compréhension humaine. Nous devons donc utiliser des termes accessibles à notre entendement. Etant nous mêmes des entités différenciées, il nous est impossible de saisir le concept de « non différencié ». Tout ce que nous connaissons est différencié en ayant une mesure, ou un contraire. Le terme qualité est donc utilisé ici, simplement pour nous faire comprendre l'effet de sa lumière dans la direction des mondes.

Chaque *Sephira* est composée d'un réceptacle appelé « *Kéli* »[25], qui contient sa partie de lumière appelée « *Or* »[26]. Il y a beaucoup de détails sur cette union de *Kéli* et *Or*, tel que nous verrons plus loin. Il n'y a point de différence dans le *Or* lui-même, mais plutôt dans la particularité, ou position de la

---

25. Réceptacle, contenant.
26. Lumière, énergie ou force.

Sephira. Quand nous pensons à la direction du monde, nous le voyons dirigé par la bonté, la rigueur et la miséricorde, et cela en différentes mesures ou combinaisons. Les *Sephirot* étant le lien entre l'Émanant et la direction du monde, nous comprenons maintenant leur division en ces trois qualités.

Il y a dix *Sephirot*, leurs noms sont : *Keter, 'Hokhma, Binah, 'Hessed, Guevourah, Tifééret, Netsa'h, Hod, Yessod, Malkhout*.
A droite, le pilier bonté : *'Hokhma, 'Hessed, Netsa'h*.
Au milieu, le pilier miséricorde : *Keter, Tifééret, Yessod, Malkhout*.
A gauche le pilier rigueur : *Binah, Guevourah, Hod*.
Il y a une autre *Sephira* qui est présente quand *Keter* ne l'est pas, aussi dans le pilier miséricorde ; qui s'appelle *Da'at*.

L'intention du Créateur étant de prodiguer le bien à ses créatures, tous les niveaux de la création furent mis en place afin qu'Il leur émane Sa bonté, d'une façon où il leur serait possible de la recevoir. Le premier ordre par lequel la lumière émanée fut formée en dix *Sephirot*, est appelé *Adam Kadmon* « l'Homme primordial » ; ceci est l'union entre le *Rechimou* et le *Kav*, et c'est à partir de cette première configuration, que tous les mondes émanèrent.

Le *Rechimou* est l'extériorité, le *Kav* ; l'intériorité. *Adam Kadmon* étant si rapproché du *Ein Sof*, nous ne pouvons rien saisir de sa nature, mais seulement de ce qui a émané de lui par ses sens ; que nous appelons ses branches.

De *Adam Kadmon* sont sortis plusieurs mondes, dont quatre appelés ; vue, ouie, odorat, et parole, qui émanèrent de ses yeux, oreilles, nez, et bouche. Dans le langage de la *Kabbalah*, nous n'utilisons des noms de parties du corps, que pour illustrer le pouvoir ésotérique de ces forces. Il est bien

entendu, qu'il n'y existe à ces niveaux aucune forme physique.
Quand des noms tels que bouche, oreilles, ou autres parties
physiques sont utilisés, le but est de décrire le sens intérieur ou,
la position qu'ils représentent.

Ces émanations sont selon l'ordre du nom יקוק. Toutes les
configurations proviennent des quatre lettres du nom de H'
B'H, et de leurs complémentaires spécifiques, que l'on appelle
Milouyim.

Les quatre noms sont :
'AV, SaG, MaH et BaN (ע"ב, ס"ג, מ"ה, ב"ן).

c) Des quatres lettres de הוי"ה ב"ה, il y a – quatre Milouyim[27] : –ע"ב, ס"ג, מ"ה, ב"ן ('AV, SaG, MaH, BaN) – Ta'amim [signes de cantillations]. – Nekoudot [voyelles], – Tagin [couronnes], – Autiot [lettres]. Ils s'incluent les uns dans les autres[28].	ג. ד' אותיות הוי"ה ב"ה ד' מלואים: עסמ"ב - ע"ב, ס"ג, מ"ה, ב"ן. טנת"א - טעמים נקודות תגין אותיות נכללים אלו מאלו.
ע"ב ('AV) est dans la tête, ses ramifications sont scellées, et sortent des cheveux de la tête.	ע"ב בגולגולת, ענפיו נעלמים, מן השערות של הראש הם יוצאים.

---

27. Eppellation de chaque lettre.
28. Les Ta'amim correspondent au nom de 'AV, les Nekoudot à SaG, les Tagin à MaH, et les Autiot à BaN. Les Ta'amim ont aussi un aspect de SaG (SaG de 'AV) et ainsi de suite.

ס"ג (SaG) sortit des oreilles vers le bas. Ses signes de cantillations se subdivisent en trois niveaux : Supérieurs, intermédiaires, et inférieurs. Les supérieurs [proviennent] des oreilles, les intermédiaires ; du nez et les inférieurs ; de la bouche.

Les supérieurs sortirent des oreilles ; dix [Sephirot] de la droite, et dix [Sephirot] de la gauche, les premières ; intérieures, les secondes ; encerclantes. Toutes s'incluent dans un ה ayant la forme de ד ו. Jusqu'où descendirent-elles? Jusqu'à la barbe sur le menton.

Les intermédiaires sortirent du nez ; dix de la droite, et dix de la gauche, les premières ; intérieures, les secondes ; encerclantes. Elles s'approchèrent[29] l'une de l'autre, et ainsi se dévoila le ו du ה avec six Aleph [א א א א א א] sortant et descendant jusqu'au thorax.

יצא ס"ג מן האזנים ולמטה. טעמים שלו ג' מינים: עליונים, תחתונים, אמצעים. עליונים באזנים, אמצעים בחוטם, תחתונים בפה.

יצאו עליונים מן האזנים, עשרה מהימין ועשרה מהשמאל, אלו פנימים ואלו מקיפים לגביהם, כלולים בה' אחת שצורתה ד"ו. עד היכן הם יורדין: עד כנגד שבולת הזקן

יצאו אמצעים מן החוטם, עשרה מימין, ועשרה משמאל, אלו פנימים, ואלו מקיפים לגביהם והרי נתקרבו זה לגבי זה. ונתגלתה ו' של ה' בששה אלפין יוצאים יורדין עד החזה.

---

29. Les Sephirot.

Dépendant des *Milouyim* (épellation des lettres), nous obtenons différents noms tel que :

יוד הי ויו הי - עב	-	*'AV*	= 72
יוד הי ואו חי - סג	-	*SaG*	= 63
יוד הא ואו הא - מה	-	*MaH*	= 45
יוד הה וו הה - בן	-	*BaN*	= 52

Chaque nom a aussi des subdivisions telles que :

'AV de *'AV*, *SaG* de *'AV*, *MaH* de *'AV*...*BaN* de *BaN* etc.

La lecture de la Torah est incomplète sans les *Ta'amim*, *Nekoudot*, *Tagin*, et *Autiot*. Les *Ta'amim* (signes de cantillation) sont le plus haut niveau et subdivisés en trois : Supérieurs, intermédiaires et inférieurs. Les *Nekoudot* (voyelles) sont le second niveau, aussi subdivisés en trois : Supérieurs, intermédiaires et inférieurs. Les *Tagin* (couronnes) sont le troisième niveau, et n'existent que sur certaines lettres. Les *Autiot* (lettres) sont le quatrième niveau. En lisant dans un *Sepher Torah*, le lecteur voit les lettres et les couronnes, devine logiquement les voyelles, et connaît par tradition les *Ta'amim*.

Les « branches » sont les lumières qui ont émanées des sens (orifices) de *Adam Kadmon*. La première à sortir est la branche de *'AV*, elle émana des cheveux sur la tête, cette lumière est trop subtile et dépasse notre compréhension.

De *'AV* de *SaG* sortirent trois branches de l'aspect des *Ta'amim* ; supérieurs, intermédiaires et inférieurs. Elles sortirent par les oreilles, le nez et la bouche. La supérieure par les oreilles, l'intermédiaire par le nez, et l'inférieure par la bouche.

Des oreilles sont sorties dix *Sephirot* linéaires de l'oreille gauche, et dix *Sephirot* circulaires de la droite, elles descendirent jusqu'à la barbe sur le menton. Du nez sortirent aussi dix *Sephirot* linéaires de la narine gauche, et dix circulaires de la droite, elles descendirent jusqu'au thorax ; plus rapprochées que celles des oreilles, mais cependant, toujours séparées. Les lumières des *Sephirot* circulaires sont d'un aspect supérieur, c'est pour cela qu'elles sortirent du coté droit, qui est celui de *'Hessed* (bonté), contrairement au gauche qui est celui de la *Guevourah* (rigueur). Dans les émanations des oreilles et du nez, il n'y a pas encore de concept de réceptacle.

Les [*Ta'amim*] inférieurs sortirent de la bouche ; dix [*Sephirot*] intérieures, et dix [*Sephirot*] encerclantes, et ainsi se dévoila le ד du ה avec quatre *Alphin* ; deux יו et deux יוד.	יצאו התחתונים מן הפה, י' פנימים וי' מקיפים, ונתגלתה הד' שבה' בד' אלפין, שנים יוי ושניים יוד.
Des deux oreilles et des deux narines ; deux souffles du coté droit de la bouche, et deux paroles du côté gauche, ils sont attachés aux deux mâchoires ; supérieure et inférieure. Ils sortent et descendent jusqu'au nombril.	מב' אזנים ומב' נחירים - ב' הבלים בימינו של הפה ושני דיבורים בשמאלו, נשרשים בב' לחיים - עליון ותחתון. יוצאין ויורדין עד הטבור.
d) En premier, *Malkhout*[30] sortit, ensuite, *Z'A*, et puis les autres [*Sephirot* jusqu'à	ד. יצאו ראשונה, מלכות בתחלה, וז"א אחריה, וכן כולם.

---

30. De la bouche de *Adam Kadmon*.

Keter]. La force [la consistance] du Kéli se retrouvant absorbée en eux.[31]

וכח הכלי בלוע בהם.

Les plus subtiles[32] retournèrent et entrèrent[33], Keter en premier, puis les autres suivirent. Ce qui resta, s'épaissit. Un Kéli fut fait des étincelles qui tombèrent; par le choc entre la lumière supérieure qui retourna, et de la trace de la plus basse[34].

הדק שבהם חזר ונכנס, כתר בתחלה וכולם אחריו. נתעבה הנשאר, ונעשה כלי מניצוצות שנפלו בו מהכאת אור חזרתו של עליון ורשימו של תחתון.

Au début elles étaient toutes [de l'aspect] des Nefachot. Elles bénéficièrent l'une de l'autre, à leur sortie et à leur retour, chacune selon ce qui lui convient, jusqu'au second encerclant[35]. Keter resta dans la bouche de A'K, les neuf [Sephirot] restantes sortirent, jusqu'à ce que Malkhout se retrouva comme un Kéli sans lumière.

בראשונה היו כלם נפשות. הרויחו זה מזה ביציאתם וכן בחזרתם, כל אחד כראוי לו, עד מקיף שני. נשאר הכתר בפה דא״ק, ושאר התשעה יצאו, עד שנמצאת מלכות כלי בלי אור.

---

31. Les lumières de la bouche de Adam Kadmon.
32. Des lumières.
33. Dans la bouche de Adam Kadmon.
34. Toute lumière en remontant laissa une trace (empreinte).
35. Pour Malkhout seulement.

Tous les *Kélim* forment un unique *Kéli*, mais avec dix gradations; ceci est [le monde des] *'Akoudim*[36].

כל הכלים כלי אחד, אלא
שעשר שנתות יש לו, זה
עקודים.

De la bouche de *Adam Kadmon*, sortirent dix *Sephirot* intérieures et dix *Sephirot* encerclantes; de l'aspect des *Ta'amim* inférieurs. Elles retournèrent dans la bouche pour être complétées et ressortirent, c'est ce qui est appelé « les lumières réfléchies ». Ces dernières étaient entremêlées et sortirent du même conduit; et c'est ainsi que le concept du *Kéli* vint à exister. Elles se répandirent en bas jusqu'au nombril, mais dans un unique *Kéli*. Les oreilles et le nez ayant deux conduits séparés; leurs lumières encerclantes et intérieures ne se joignirent pas, et restèrent distancées l'une de l'autre. La bouche étant un seul conduit; un *Kéli* fut nécessaire pour contenir la lumière intérieure, et la séparer de l'encerclante plus ténue.

Pareillement aux lumières qui ont deux aspects : Intérieur et encerclant, le *Kéli* aussi en possède deux : Intérieur et extérieur. C'est par le retour des lumières, que le *Kéli* fut réalisé. Quand les *Sephirot* sortirent la première fois par la bouche, chacune avait sa propre place, mais elles se retrouvaient dans un *Kéli* unique pour toutes; c'est pour cela que ce monde est appelé le monde des attachés – *'Olam HaAkoudim*. Elles retournèrent à leur origine dans la bouche, mais pas complètement, chacune laissant sa trace. Seulement les parties les plus subtiles des lumières remontèrent. Les parties qui restèrent devinrent encore moins subtiles, cepen-

---

36. Attachés.

dant, chacune resta illuminée par sa partie qui remonta. Les lumières se frappèrent entre elles, et produisirent des étincelles qui firent les *Kélim* pour les lumières plus subtiles, qui revinrent la seconde fois. Quand la lumière de *Keter* remonta, elle ne ressortit pas, celle de *'Hokhma* sortit et prit sa place, *Binah* prit celle de *'Hokhma* etc. jusqu'à ce que *Malkhout* resta sans lumière, tel « un miroir non lumineux – אספקלריא דלא נהרא ».

Ceci est considéré comme une certaine détérioration, mais moins importante que celle du monde des points – *'Olam Hanékoudim*, comme nous verrons plus loin.

Deuxième chapitre

Les lumières des yeux, la brisure des *Kélim*

Introduction

De nouvelles lumières de l'aspect de *BaN*, sortirent des yeux de *Adam Kadmon*. Elles trouvèrent à leurs sorties, des *Kélim* pour les contenir. Les trois premiers *Kélim* purent contenir leurs lumières, mais les sept suivants ne purent les contenir et se brisèrent. Les lumières tombèrent, mais restèrent dans le monde de *Atsilout*, et les *Kélim* descendirent dans les mondes inférieurs. Ceci est appelé *'Olam Hanékoudim* (le monde des points).

a) Les voyelles de *SaG* étant prêtes à sortir, *SaG* assembla ses *MaH* et *BaN*[37], et *MaH* et *BaN* [généraux] avec eux ; à partir du nombril en montant, et déploya un voile [une limite] commençant à l'avant à la hauteur de son buste, et s'étendant en arrière jusqu'au niveau de son nombril.

א. עמדו נקודותיו לצאת, אסף ס"ג המ"ה וב"ן שלו, ומ"ה וב"ן עמהם, מן הטבור ולמעלה; ופרש שם מסך, מתחיל מלפניו בחזה, ומשפע ויורד מאחריו, עד כנגד הטבור.

De *BaN*, sont montées et sortirent à travers les yeux ; dix *Sephirot* de l'oeil droit, et dix du gauche. Ils [les *Kélim*] sortirent et descendirent à partir du nombril vers le bas. Elles [*Sephirot*] reçurent des lumières d'en haut ; *KHB* [reçurent des lumières] des oreilles du nez et de la bouche, qui étaient sur la barbe du menton, et le reste [les sept *Sephirot* inférieures reçurent des lumières] de la bouche et de plus bas [de la barbe sur le menton].

ומן הב"ן עלו ויצאו מן העינים עשר ספירות מן הימין, ועשר מן השמאל. יצאו וירדו מן הטבור ולמטה, ולקחו אור ממה שלמעלה: כח"ב מאח"פ בשבלתה של זקן, והשאר מן הפה משם ולמטה.

---

37. *MaH* de *SaG* et *BaN* de *SaG*.

De l'intérieur [de A'K], BaN descendit et jaillit à leur niveau [des lumières des yeux qui descendirent], il illumina à travers sa peau [de A'K], vers l'extérieur. Du nombril et du Yessod [de A'K], la lumière se partagea à Keter et à 'Hokhma et Binah, le reste [les sept Sephirot inférieures reçurent, des lumières] des orteils [de A'K].

Les trois premières étant réparées; se faisant face, le reste [les sept Sephirot infé-rieures], une en dessous de l'autre.

b) Dix Kélim sortirent en premier, et ensuite vinrent leurs lumières. Les lumières descendirent à KHB et fu-rent acceptées; par contre, aux sept inférieures; elles ne furent pas acceptées. Les Kélim descendirent en bas [aux mondes de Beriah, Yetsirah et 'Assiah], et leurs lumières remontèrent à leurs places [dans Atsilout].

ומבפנים ירד ובקע ב"ן כנגדם, והאיר דרך עורו לחוץ. מן הטבור ומן היסוד נחלקת אור לכתר ולחו"ב והשאר מאצבעותיהם של רגלים.

נמצא: ג' ראשונות מתוקנים זה כנגד זה, והשאר זה תחת זה.

ב. יצאו עשרה כלים בראשונה, ואורותיהם אח"כ. ירדו האורות לכח"ב וקבלום; לז"ת ולא קבלום. ירדו כליהם למטה, ואורותיהם עלו למקומם.

Et sur eux, il dit :
« Et ce sont les rois qui régnèrent sur la terre de Edom, avant que règne le roi sur les enfants d'Israël. »
(Berechit, 36, 31).

ועליהם הוא אומר (בראשית לו,
לא) :
"ואלה המלכים אשר מלכו
בארץ אדום לפני מלך מלך
לבני ישראל".

Après que les lumières de 'AV de SaG sortirent des oreilles, du nez, et de la bouche, les autres lumières de SaG eurent besoin de sortir aussi. A l'intérieur de Adam Kadmon, SaG rassembla ses propres aspects de MaH et BaN, et aussi MaH et BaN de Adam Kadmon, il les monta au dessus du nombril et mis un voile comme séparation. Ses lumières de BaN; qui sont de l'aspect des Nekoudim, sortirent avec le BaN général à travers les yeux, dix Sephirot encerclantes de l'œil droit, et dix intérieures de l'œil gauche, et descendirent plus bas que le nombril. Ces lumières ne sont pas visibles au-dessus du nombril car, là se trouvent l'expansion des lumières des oreilles, du nez, et de la bouche.

Chacune de ces Sephirot eut son propre Kéli, mais seulement les trois premières; Keter, 'Hokhma et Binah étaient structurées selon trois piliers : B K H. Cependant, les sept Sephirot inférieures étaient en ligne droite, l'une en dessous de l'autre, et non disposées à la direction de bonté, rigueur et miséricorde.

Jusque là furent les premières émanations pour créer les mondes des 'Akoudim [attachés] et Nekoudim [tachetés]; une préparation pour le monde de Atsilout. Plus loin, nous verrons le déploiement de Atsilout et des mondes qui lui sont plus bas; sources d'existence des mondes physiques, ainsi que de la possibilité de récompense et punition, ainsi que du mal.

c) Dix *Sephirot* [de *Nekou-dim*] à être divisées en six *Partsoufim* [dans *Atsilout*], et à partir d'eux ; quatre mondes : *Atsilout, Beriah, Yetsirah* et *'Assiah*. De la fin [de tous ces niveaux][38] ; sort le mal, tel qu'il est dit : « Je forme la lumière et crée les ténèbres, J'établis la paix et crée le mal. » (Isaïe, 45, 7).

Les étincelles n'ont pas d'attachement entre elles, tel qu'il est dit : « Le boutefeu sème la discorde entre amis. » (Michlé, 16, 28).
Sur les pécheurs il dit : « Tous les faiseurs de mal seront divisés. » (Tehilim 92, 10).

Mais pour la sainteté que dit-il ?
« Et D.ieu sera roi sur toute la terre et en ce jour D.ieu sera Un et Son Nom Un. » (Zacharie, 14, 9).

ג. עשר ספירות עומדות ליחלק בששה פרצופים, ומהם נעשו ד' עולמות - אבי"ע ומסופם יוצא הרע, שנאמר (ישעיה מה, ז): "יוצר אור ובורא חושך עושה שלום ובורא רע".

זיקין ניצוצים אין ביניהם חיבור, שנאמר (משלי טז, כח): "ונרגן מפריד אלוף". וברשעם הוא אומר (תהלים צב, י): "יתפרדו כל פועלי און".

אבל בקדושה מה הוא אומר (זכריה יד, ט): "והיה ה' למלך על כל הארץ ביום ההוא יהיה ה' אחד ושמו אחד"...

---

38. *Malkhout de 'Assiah.*

Car le *Tikoun* de tout, est par l'union [*Yi'houd*].

שתיקון הכל ביחוד.

d) Au début, toutes les parties [des *Kélim*] étaient égales. Les lumières vinrent mais ils [*Z'aT*] ne purent les accepter, ils [les *Kélim*] cassèrent et tombèrent. Les plus subtiles [lumières] d'entre-elles, furent cachées du restant [des lumières]; le meilleur descendit a *Beriah*, le meilleur du reste [des lumières]; à *Yetsirah*, et le restant [des lumières]; à *'Assiah*.

ד. בתחלה היו כל החלקים שוים. באו האורות ולא קיבולם, נשברו ונפלו. נגנז המעולה שבהם, ומן הנשאר ירד הטוב שבו לבריאה, ושלאחריו, ליצירה, ושלאחריו לעשיה.

Quand ils [les *Kélim*] revinrent et furent réparés, quatre furent fait de trois[39]. La deuxième *'Assiah* se trouve donc plus bas que la première, et de son extrémité[40] sort le mal.
Tel que le prophète dit :

כשחזרו ונתקנו, נעשה מג' ד'. נמצאת עשיה השניה תחתונה מהראשונה.
ומסופה הרע יצא,
הוא שהנביא אמר (עובדיה א, ב):

---

39. Des trois mondes de *Beriah*, *Yetsirah* et *'Assiah*, furent fait les quatre mondes de *Atsilout*, *Beriah*, *Yetsirah*, et *'Assiah*.
40. *Malkhout* de la deuxième *'Assiah*.

| « Voici Je vous ferai petits parmi les nations, vous serez beaucoup détestés. » ('Ovadia, 1, 2). | "קְטֹן נְתַתִּיךָ בַּגּוֹיִם בָּזוּי אַתָּה מְאֹד". |

La notion de monde ici ; en est une de catégorie d'existence, d'influence, et de pouvoir de direction. Le premier monde à se déployer de *Adam Kadmon* se nomme *Atsilout* ; le monde de l'émanation, là où il n'y a pas d'existence de séparés[41], et où aucune *S'A*[42] n'est présente ; même à ses niveaux[43] les plus bas. Le deuxième est *Beriah* ; le monde de la création, le début de l'existence des êtres séparés ; c'est le monde des âmes. Le troisième est *Yetsirah* ; le monde de la formation, le monde des anges. Le quatrième est *'Assiah* ; le monde de l'action, le monde de l'existence matérielle.

De l'extrémité de *'Assiah*, commence l'existence du mal. Quand l'Émanant décida qu'il y aurait le mal dans ce monde, il fut nécessaire qu'il ait une racine, avec le concept de *Kéli* ; notion de limite et rigueur, cette racine fut révélée à partir du dernier niveau des *Sephirot* [*Malkhout* de *'Assiah*].

| e) Lesquels[44] descendirent ? Les sept inférieurs, et les arrières de *'Hokhma* et *Binah*. Les sept inférieurs descendirent à *Beriah*, les | ה. מִי הֵם הַיּוֹרְדִים? ז"ת, וַאֲחוֹרֵיהֶם שֶׁל חוּ"ב, אֶלָּא שֶׁז"ת יָרְדוּ לִבְרִיאָה, וַאֲחוֹרֵיהֶם שֶׁל חוּ"ב לַמָּקוֹם זו"ן שֶׁבַּאֲצִילוּת: |

---

41. Etres distincts.
42. *Sitra A'hra* – côté négatif (le mal)
43. De *Atsilout*.
44. *Kélim*.

arrières de *'Hokhma* et *Binah*; à la place de *Z'oN* dans *Atsilout*, les arrières de *'Hokhma*; à l'avant et ceux de *Binah*; en arrière [dos à dos]. Les sept inférieures se cassèrent, les arrières de *'Hokhma* et *Binah* ne se cassèrent pas, mais tombèrent seulement. Les arrières de *NHY* de *Keter* furent endommagés avec eux.

אחורי חכמה מלפניהם ואחורי בינה מאחוריהם. ז"ת נשברו; ואחורי חו"ב לא נשברו אלא נפלו; ואחורי נה"י של כתר נפגמו עמהם.

Dans chaque *Partsouf*, les sept inférieurs se cassèrent, les arrières de *'Hokhma* et *Binah* tombèrent, les arrières de *NHY* de *Keter* furent endommagés. De quels *Partsoufim*? De ceux qui viendront après[45].

נמצאו: ז"ת שבכל פרצוף שבורים, ואחורי חו"ב נפולים, ושל נה"י של כתר פגומים. באיזה פרצופין דברו? באותן שלאחר כך.

f) De quelle façon tombèrent-elles [*Z'aT*]?

ו. כיצד נפלו?

La première de toutes fut *Da'at*, elle reçut sept lumières [de *Z'aT* de *Nekoudim*],

ראשון שבכולם דעת, קבל ז' אורות, ולא עמד בהם, נשבר ונפל,

45.　Etant encore dans le monde de *Nekoudim*, le concept de *Partsouf* n'existe pas encore, nous parlons donc du monde du *Tikoun*.

mais ne put se maintenir ;
elle se cassa et tomba. Son
Kéli [tomba] à *Da'at* de
Beriah, et sa lumière à *Malkhout* de *Atsilout*.

כליו בדעת דבריאה,
ואור שלו במלכות דאצילות.

Ensuite *'Hessed* reçut six
lumières ; il se cassa et tomba. Son *Kéli* tomba à *Binah*
de *Beriah*, et sa lumière à
Yessod de *Atsilout*.

קבל חסד אחריו ששה אורות
נשבר ונפל,
כליו בבינה דבריאה,
ואור שלו ביסוד דאצילות.

Guevourah reçu de la même
manière ; elle se cassa et
tomba. Son *Kéli* tomba à
'Hokhma de *Beriah*, et sa
lumière à *Netsa'h* et *Hod* de
Atsilout.

קבלה גבורה על דרך זה,
נשברה ונפלה,
כליה בחכמה דבריאה,
ואורה בנ״ה דאצילות.

Tifeéret reçut de la même
manière ; elle se cassa et
tomba. Son *Kéli* tomba à
Keter de *Beriah*, et sa lumière resta en place, le *Kéli*
de *Keter* s'étendit[46], et la
reçut[47], la lumière de *Da'at*
monta entre eux, son *Kéli*[48]
descendit une deuxième fois
à *Malkhout* de *Beriah*.

קבל תפארת על דרך זה,
נשבר ונפל,
כליו בכתר דבריאה,
ואור שלו עמד במקומו.
נתפשט כלי הכתר וקיבלו.
ואור הדעת עלה ביניהם,
ונפל כלי שלו שניה עד
המלכות דבריאה.

---

46. Etant du même pilier (central).
47. La lumière de *Tifeéret*.
48. De *Da'at*.

Les lumières sortirent vers [les *Kélim* de] *Netsa'h* et *Hod*, elles trouvèrent la lumière de *Guevourah* qui y était tombée, [le *Kéli* de] *Binah* s'étendit[49], la reçut[50], et son *Kéli*[51] descendit une deuxième fois à *Yessod* de *Beriah*. *Netsa'h* et *Hod* reçurent et se cassèrent; leurs *Kélim* tombèrent à *Netsa'h* et *Hod* de *Beriah*, leurs lumières montèrent au *Kéli* de *Binah*.

יצאו האורות לנ"ה. מצאו שם אור הגבורה שנפלה. נתפשטה הבינה וקבלתו, וירד כליה שניה עד היסוד דבריאה. קבלו נ"ה, ונשברו, ונפל כלים בנ"ה דבריאה, ואורם עלה לכליה של בינה.

Les lumières sortirent vers [les *Kélim* de] *Yessod*; elles y trouvèrent la lumière de *'Hessed*. *'Hokhma* s'étendit[52] et la reçut[53], son *Kéli*[54] descendit une deuxième fois à *Tifeéret* [de *Beriah*].

יצאו האורות ליסוד, ומצאו שם אורו של חסד. נתפשטה החכמה וקבלתו, נפל כליו שניה עד התפארת.

Yessod reçut, se cassa et tomba, son *Kéli* [tomba] à *Guevourah* de *Beriah*, et sa lumière monta à *Keter*.

קבל היסוד, נשבר ונפל, כליו לגבורה דבריאה, ואור שלו עלה לכתר.

---

49. Etant du même pilier (gauche).
50. La lumière de *Guevourah*.
51. De *Guevourah*.
52. Etant du même pilier (droit).
53. La lumière de *'Hessed*.
54. De *'Hessed*.

Malkhout reçut, se cassa et tomba, son *Kéli* [tomba] à *'Hessed* de *Beriah*, et sa lumière monta à *Keter*.

Ceci est le programme de la brisure des sept [*Sephirot*] inférieures; d'elles, furent préparés et arrangés; *Be-riah*, *Yetsirah* et *'Assiah*.

קיבלה המלכות, נשברה ונפלה, כליה לחסד דבריאה, ואור שלה עלה לכתר.

זה סדר שבירתם של ז"ת, שבהם הוכנו ונעשו בי"ע.

g) La tombée des arrières de *'Hokhma* et *Binah* s'est faite selon la brisure des [sept] inférieurs. *'Hokhma* et *Bi-nah* sont[55] face à face. [Lorsque] *Da'at* se brisa, les *'Hassadim* et *Guevourot* de *'Hokhma* et *Binah* tom-bèrent dans leurs corps[56], ils se retournèrent[57] [dos à dos] sans se regarder.

ז. ירידת אחוריים של חו"ב לפי שבירתם של תחתונות. חו"ב - פנים בפנים. נשבר דעת, ונפלו חו"ג שבחו"ב בגוף, חזרו שלא להסתכל זה בזה.

'Hessed se cassa; les arrières [NHY] de *Abah* descendi-rent jusqu'à *Yessod* [de

נשבר חסד, ירדו אחוריו של אבא עד היסוד,

---

55. Au début.
56. De leurs têtes, leurs *'Hassadim* et *Guevourot* tombèrent dans leurs corps.
57. Les têtes de *'Hokhma* et *Binah*.

Abah], ses arrières[58] se retournèrent de devant Imah.

והפך אחוריו לפני אימא.

Guevourah se cassa; les
arrières de Imah descendirent jusqu'à Yessod [de
Imah], ils se tournèrent[59]
les deux, dos à dos.

נשברה גבורה,
ירדו אחוריה של אימא עד
היסוד, חזרו שניהם אחור
באחור.

Le tiers de Tifeéret se cassa ;
les arrières des Yessod de
Abah et Imah descendirent.

נשבר שלישו של תפארת,
ירדו אחורי יסודיהם של
או״א.

Tifeéret se brisa complètement ; les 'Hassadim et
Guevourot d'Israël Saba et
Tévounah descendirent
dans leurs corps ; ils se
retournèrent[60] pour ne pas
se regarder.

גמר ת״ת להשבר,
ירדו חו״ג שביסו״ת בגופם,
חזרו שלא להסתכל זה בזה.

Netsa'h et Hod se cassè-
rent ; les arrières de ISOT
descendirent jusqu'à Yes-
sod,

נשברו נ״ה,
ירדו אחוריהם של יסו״ת עד
היסוד.

Yessod se cassa ; les arrières
de leurs Yessod[61] tombèrent.

נשבר היסוד,
נפלו אחורי יסודיהם.

---

58. De son corps. les arrières de sa tête s'étant déjà retournés.
59. Abah et Imah sont maintenant complètement dos à dos.
60. ISOT.
61. De ISOT.

Malkhout se cassa, les arrières de leurs couronnes[62] [qui entourent leurs *Yessod*] tombèrent, et le dommage aux [arrières de] *NHY* de *Keter* fut complétée, car par eux, entrent les *'Hassadim* et *Guevourot* dans *'Hokhma* et *Binah*.	נשברה מלכות, ירדו אחורי עטרותיהם. ונשלם פגמם של נה"י דכתר, שבהן נכנסין חו"ג בחו"ב.

Quand les *Sephirot* de *BaN* sortirent des yeux de *Adam Kadmon*, les trois premières *Sephirot KHB*, se renforcèrent à partir des lumières des oreilles, du nez, et de la bouche, et purent ainsi se tenir en trois droites. Ce n'est que quand le pilier de miséricorde se trouve entre les piliers de bonté et rigueur, qu'il leur est possible de se joindre, et d'être attachés. Les sept *Sephirot* inférieures ne prirent que des lumières de la bouche, elles[63] ne purent se tenir dans cet ordre, et se formèrent en une ligne descendante. Cette structure imparfaite est la première origine de la *Sitra A'hra*, ou « mal ». Ce type d'existence ne pouvait provenir d'une source parfaite, elle devait être originaire d'un état défectueux.

Les *Sephirot* de *Keter*, *'Hokhma* et *Binah* reçurent et continrent leurs lumières, car elles se tenaient dans l'arrangement des trois piliers, seulement une partie mineure ne put contenir la lumière, descendit, mais sans se briser.

Dans le monde des *'Akoudim* ; quand les *Sephirot* émergèrent de la bouche, les lumières sortirent en premier et

---

62. De *ISOT*.
63. Sept inférieures.

ensuite un *Kéli* unique fut formé. Par contre, dans cette émanation des lumières des yeux, d'abord le *Kéli* individuel de chaque *Sephira* sortit, et ensuite les lumières.

Les *Kélim* des sept *Sephirot* inférieures ne purent contenir leurs lumières, ils se brisèrent et tombèrent dans le monde de *Beriah*. Les lumières tombèrent aussi, mais restèrent dans *Atsilout*.

La racine de toutes les créatures se trouve dans les sept *Sephirot* [*Z'aT*], les *G'aR*[64] sont comme une couronne sur les *Z'aT*[65] afin de les réparer et les diriger. Dans les *G'aR*, il n'y a pas vraiment de notion de détérioration, elles sont au-dessus des actions des hommes, et ne sont pas affectées par leurs péchés. La partie inférieure de *G'aR* qui n'a pu contenir ses lumières, correspond à ce qui est nécessaire pour la direction de *Z'A*, si cette partie avait contenu les lumières, *Z'aT* ne se seraient pas brisées, et les notions de *Kilkoul* – détérioration et *Tikoun* n'existeraient pas.

La brisure des *Kélim* causa une descente du monde de *Atsilout*, cependant, *KHB* restèrent dans ce qui est appelé la «première *Atsilout*», les sept autres *Sephirot* tombèrent dans *Beriah*, qui devint l'*Atsilout* actuelle, *Beriah* tomba dans *Yetsirah*, qui devint le *Beriah* actuel, *Yetsirah* tomba dans *'Assiah*, qui devint le *Yetsirah* actuel, *'Assiah*, tomba encore plus bas, et devint la *'Assiah* actuel. De l'extrémité de *'Assiah* ; est sorti le mal.

---

64. Les trois premières *Sephirot*, *Keter*, *'Hokhmah* et *Binah*.
65. Les sept *Sephirot* inférieures.

h) Les 288 étincelles sont des lumières procédant des quatre *'AV* : *'AV* de *'AV*, *'AV* de *SaG*, *'AV* de *MaH*, et *'AV* de *BaN*, qui descendirent avec les *Kélim* brisés pour leur donner une subsistance.

ח. ורפ"ח ניצוצין של אור מארבעה ע"ב דעסמ"ב ירדו עם הנשברים לקיימם.

Tout ce qui descendit, [à cause] de la descente des *Malkin*[66] (rois) descendit, et tout ce qui retourne et monte, [à cause] de leur retour, retourne.

כל היורד - מירידתם של מלכים הוא יורד, וכל החוזר ועולה - מחזרתם הוא חוזר.

Et à la fin des événements, que dit-il ? : « Et la lumière de la lune sera comme la lumière du soleil.... le jour où l'Eternel pansera les blessures de Son peuple et guérira les meurtrissures qui l'ont atteint. » (Isaie 30 .26).

ובסופן של דברים מה הוא אומר (ישעיה ל, כו):
"והיה אור הלבנה כאור החמה", וגו';
ואומר (שם):
"ביום חבוש ה' את שבר עמו ומחץ מכתו ירפא".

Une guérison qui n'est pas suivie par une plaie. Et il dit :

רפואה שאין אחריה מכה;
ואומר (זכריה ג, ט):

---

66. Les sept premiers rois d'Edom qui moururent, correspondent aux *Z'aT* qui se cassèrent.

« Et J'éliminerais le péché de cette terre en un jour. » (Zacharie 3. 9).	"ומשתי את עון הארץ ההיא ביום אחד";
Et il dit : « Et D.ieu sera roi sur toute la terre, en ce jour D.ieu sera Un et Son Nom Un. » (Zacharie 14. 9).	ואומר (שם יד, ט): "והיה ה' למלך על כל הארץ ביום ההוא יהיה ה' אחד ושמו אחד".

Pour donner subsistance aux *Kélim* lors de la brisure, 288 étincelles des lumières tombèrent aussi ; un lien à leurs lumières originelles étant nécessaire pour maintenir les *Kélim* en vie. Elles correspondent[67] aux quatre *'AV* de *ASMB*[68], 4 x 72 = 288. Cette chute[69] est aussi appelée leur mort.

Il est important de comprendre, que tout ce qui se passe dans ce monde, est similaire à ce qui s'est produit dans cette chute. La séparation entre *G'aR*, qui est considéré comme les *Mohim*, et *Z'aT* le corps, est comme la mort de l'homme ; quand son âme quitte son corps et remonte, alors que son corps descend dans la terre. Le *Or* qui donne vie au *Kéli* est comparable à l'âme qui maintient le corps vivant. Cependant, lorsqu'un homme meurt et que son âme se sépare de son corps, ce dernier restera avec le הבלא דגרמי (*Habela Dégarmi*), à l'instar des 288 étincelles qui permettront de conserver le corps pendant tout le temps que l'âme l'a quitté, jusqu'à la résurrection.

---

67. Les étincelles.
68. *'AV*, *SaG*, *MaH*, et *BaN*.
69. Des *Kélim*.

Toutes les actions et prières des hommes dans cette existence, ont pour but d'aider et de participer, à l'élévation de ces étincelles à leurs origines. A l'achèvement de ce *Tikoun* d'unification de toutes ces étincelles avec leurs sources, ce sera l'avènement de la résurrection des morts, et la venue du Messie.

Troisième chapitre

La construction des *Partsoufim 'Atik, Arikh Anpin, Abah* et *Imah*

Introduction

D'autres lumières de l'aspect de *MaH* sortirent du front de *Adam Kadmon*. L'union de ces lumières de *MaH*, qui représentent la miséricorde, avec celles de *BaN*, qui représentent la rigueur, fit le *Tikoun* des *Sephirot* qui s'étaient brisées. Ce *Tikoun* est aussi l'arrangement des *Sephirot* en trois piliers, et de là, commence la construction des premiers *Partsoufim*: *'Atik Yomin, Arikh Anpin, Abah* et *Imah*

a) *MaH*[70] sortit du front [de *Adam Kadmon*], il sélectionna, et fit à partir de tout les *Kélim* brisés[71], cinq *Partsoufim* [*Arikh Anpin, Abah, Imah, Ze'ir Anpin* et *Noukvah*], ensuite, il réalisa '*Atik* au-dessus d'eux, et des arrières de *Abah* et *Imah*[72], il fit Ya'akov et Leah.

א. יצא מ"ה מן המצח, בירר לו ועשה מכל שבריהם של כלים חמשה פרצופים, ועתיק שעל גביהם, ומאחוריהם של או"א - יעקב ולאה.

De *Keter* de *MaH*, et de la moitié de *Keter*[73] de *BaN*, ainsi de que ce qui s'affilie à lui, sera réalisé '*Atik*[74].
De '*Hokhma* de *MaH*, et de la moitié de *Keter*[75] de *BaN*, ainsi de que ce qui s'affilie à lui, sera réalisé *Arikh Anpin*.

כתר דמ"ה וחצי כתר דב"ן, ומן השאר הראוי לו לעתיק. חכמה דמ"ה וחצי כתרו של ב"ן, ומהשאר הראוי לו זה א"א.

De *Binah* de *MaH*, et de '*Hokhma* et *Binah* de *BaN*, ainsi de que ce qui s'affilie à eux, seront réalisés *Abah* et *Imah*.

בינה דמ"ה וחו"ב של ב"ן, ומהשאר הראוי להם - או"א.

---

70. Les dix *Sephirot* de *MaH*.
71. *Z'aT* de *BaN*.
72. Leurs *NHY* qui étaient tombés, mais toujours dans *Atsilout*.
73. Cinq *Sephirot* supérieures de *Keter*.
74. '*Atik* est la *Malkhout* de *Adam Kadmon*, qui entre dans *Atsilout* pour l'attacher à lui.
75. Cinq *Sephirot* inférieures de *Keter*.

Des sept *Sephirot* inférieures de *MaH*, et des sept *Sephirot* inférieures de *BaN*, sera réalisé *Ze'ir Anpin*. De *Malkhout* de *MaH*, et de *Malkhout* de *BaN*, sera réalisée *Noukvah*.	ו״ק דמ״ה וו״ק של ב״ן - ז״א. מלכותו של מ״ה ומלכותו של ב״ן - נוק׳.
Leur réparation [arrangement] est par le principe masculin et le principe féminin[76]. A partir de *D'ouN*[77], ils sont réparés ; par l'union, la gestation, l'enfantement, et la croissance.	תיקונם בזכר ונקבה. ומדו״ן הם נתקנים: בזיווג, עיבור, לידה, וגדלות.

Après la brisure des *Kélim* et la séparation des lumières, il fut nécessaire pour la direction du monde, que réparation soit faite. Du front de *Adam Kadmon*, sortirent dix *Sephirot* de l'aspect du nom de *MaH* ; correspondant au masculin – à la réparation. Alors que les *Sephirot* de *BaN* correspondent plutôt au féminin, et sont la racine de la détérioration. Ces deux aspects sont nécessaires pour la direction de la justice, afin de donner à l'homme la possibilité du libre arbitre.

---

76. Par l'union des *Sephirot* de l'aspect masculin de *MaH* et de l'aspect féminin de *BaN*.
77. *Doukhrin* et *Noukvin* – masculin et féminin en Araméen. Un *Partsouf* est réparé par l'union des aspects masculins et féminins du *Partsouf* qui lui est supérieur.

Le *Kilkoul*[78] fut causé par la disposition des *Sephirot* en ligne droite, au lieu de l'arrangement en trois piliers. Le *Tikoun* est l'union des *Sephirot* de *MaH* et *BaN* en arrangements complexes, pour permettre au féminin *BaN* d'être réparé par le masculin *MaH*, et se tenir en trois piliers. Le nom de *BaN* représente la rigueur, alors que *MaH* est miséricorde. La création basée sur la rigueur était impossible, car si l'homme est jugé sur ce critère, il ne survivrait pas. Le *Tikoun* est le réarrangement des *Sephirot* en trois piliers représentant; la bonté, la rigueur et la miséricorde. Le nom de *MaH* est le *Milouyim*[79] de א, qui représente une ligne au centre (miséricorde) qui unit deux י (bonté et rigueur).

Une fois la disposition ordonnée des *Sephirot* en place, des configurations diverses appelées *Partsoufim*[80], complétèrent la création. Certains *Partsoufim* sont masculins et émanent la bonté, d'autres sont féminins et émanent la rigueur. Par leurs unions, différents équilibres de ces deux forces[81], font la direction. Une trop grande rigueur causerait la destruction de tout ce qui n'est pas parfait, alors qu'une trop grande bonté permettrait tout sans restriction. Nous voyons donc, que tout ce qui est, et se produit, sont des équilibres variables de ces deux forces.

b) Le *Zivoug*, de quelle manière se fait-il? [D'abord] La *Noukvah* [du *Partsouf* supérieur] élève *Mayim*	ב. בזיווג כיצד? מעלה נוק' מ"ן - בירוריהם של כלים,

---

78. Détérioration.
79. Pour atteindre le total de 45.
80. Configuration de une ou plusieurs *Sephirot*, qui agissent en coordination.
81. Bonté et rigueur.

Noukvin[82] [désir féminin],
qui se traduit par la sélection des *Kélim*, ensuite en
contrepartie, descendent les
lumières[83] de *MaH*.

ויורדים כנגדם אורותיו של
מ״ה.

Ces dernières[84] sont restituées dans *Noukvah*[85], pour
être arrangées dans son intérieur – ceci correspond à
la gestation.

עומדים בנוק׳ ונתקנים בה -
זה העיבור.

Elles[86] [les lumières et leurs
Kélim] atteignent leurs positions – c'est la naissance.

יצאו למקומם - זו היא לידה.

Lorsque le *Partsouf*[87] inférieur s'habille du *Partsouf*
supérieur et atteint sa taille ;
il s'agit de la croissance
(*Gadlout*)

הלביש תחתון לעליון והגיע
לשיעורו - זה הגדלות.

Au préalable, il « tête » (il
puise ses forces) du *Partsouf*
supérieur puisqu'il en

יונק מתחלה - שהוא צריך
לעליונו,

---

82. Eaux féminines.
83. Maim *Doukhrin* (eaux masculines).
84. Maim *Noukvin* et Maim *Doukhrin*.
85. Dans son *Yessod*.
86. Après les mois de gestation, leurs détails sont distincts.
87. Il s'agit de ces mêmes lumières et *Kélim*, arrangés sous forme de *Partsouf*.

dépend. Ensuite, grandit et habillé, il devient indépendant.	השלים והלביש - עושה את שלו.

Tous les *Tikounim* des *Partsoufim* (masculins et féminins), sont faits par la voie de l'union, la gestation et la naissance. Par l'union, les lumières de *MaH* nécessaires au *Tikoun*, sont entraînées par celles de *BaN*, elles sont ensuite conservées dans la *Noukvah* supérieure[88], arrangées et complétées jusqu'à ce qu'il n y ait plus rien à ajouter ; ceci est la gestation, quand la réparation est complète, le *Partsouf* est révélé ; ceci est la naissance. Il y a ensuite allaitement, pour enfin arriver à la croissance, afin que le *Partsouf* soit complètement indépendant. (Tout cela est expliqué en détail au chapitre six qui traite des *Zivougim*).

c) La montée des *Malkin*[89] [de *Beriah* à *Atsilout*] est de quarante jours. Dix jours : *'Hessed* et *Netsah*, à *Netsa'h* de *Atsilout*. Dix jours : *Da'at* et *Tifeéret*, à son *Yessod*[90]. Dix jours : *Guevourah* et *Hod*, à son *Hod*[91].	ג. עליתם של מלכים ארבעים יום. כיצד? עשרה ימים חסד ונצח לנצחו של אצילות. ועשרה - דעת ותפארת ליסודו. עשרה - גבורה והוד להודו.

---

88. La *Noukvah* supérieure qui donne naissance au *Partsouf*.
89. Les *Malkin* (rois) ici sont les *Kélim* de *Z'aT* qui se brisèrent.
90. De *Atsilout*.
91. De *Atsilout*.

Dix jours : *Yessod* et *Mal-khout*, à son *Malkhout*[92].

ועשרה - יסוד ומלכות
למלכותו.

d) *'Atik* par *D'ouN*[93], est réparé. Son *MaH* est son coté masculin frontal, son *BaN* est son coté arrière féminin. La face de *MaH*; son avant, la face de *BaN*; son arrière[94], *'Atik* est donc entièrement face. *Arikh An-pin* par *D'ouN*, est réparé; masculin[95] à sa droite, fémi-nin[96] à sa gauche. Le *Ti-koun* de *Arikh Anpin* est par le *Zivoug* de *'Atik*. Le *Tikoun* de *'Atik* est par le *Zivoug* de plus haut que lui.

ד. נתקן עתיק דו״נ.
מ״ה שלו - זכר לפניו,
וב״ן שלו - נוק׳ לאחוריו.
פני מ״ה לפניו, ופני ב״ן
לאחוריו. נמצא עתיק כולו
פנים. נתקן אריך דו״נ,
הזכר בימינו והנוקבא
בשמאלו.
תיקונו של א״א מזיווגו של
עתיק.
תיקונו של עתיק מזיווג עליון
ממנו.

'Atik fut constitué par le *Zivoug* de *'AV* et *SaG* de *Adam Kadmon*. Son *MaH*, correspond au principe masculin, son *BaN* au féminin, il est appelé *'Atik* et sa *Noukvah*. Sa *Noukvah* n'est jamais séparée de lui, se trouvant intégrée dos à dos complètement avec lui ; *'Atik* est donc tout face, la face de *BaN* correspond à son arrière et celle de *MaH* à son devant.

---

92. De *Atsilout*.
93. Par le *Zivoug* de plus en haut qui lui (*'AV* et *SaG* de *Adam Kadmon*).
94. Son *MaH* et *BaN* sont dos à dos.
95. Son aspect de *MaH*.
96. Son aspect de *BaN*.

Par le *Zivoug* de *'Atik* fut constitué *Arikh*[97] et sa *Noukvah*, de leur *Zivoug*[98] *Abah* et *Imah* furent constitués aussi. *Arikh Anpin* est le premier *Partsouf* de *Atsilout*, et la racine de tous les autres, qui sont ses branches.

e) Du *Zivoug* de *Arikh Anpin* sont constitués *Abah* et *Imah*; l'un masculin, l'autre féminin, et de leur *Zivoug*[99] sont constitués *Z'A* et *Noukvah*. *Yessod* de *'Atik* est situé dans le thorax[100] de *Arikh Anpin*[101], les *'Hassadim* et *Guevourot* se révèlent de lui[102].

ה. מזיווגו של א"א נתקנים או"א, זה זכר וזה נקבה, ומזיווגם - זו"ן. יסודו של עתיק כלה בחזהו של א"א, וחו"ג מתגלים ממנו.

Les *Guevourot* sortirent[103] en premier; étant repoussées par les *'Hassadim*, elles entourèrent *Yessod* [de *'Atik*] de tous les cotés. Les *'Hassadim* sortirent, leurs

יצאו הגבורות ראשונה מפני דוחקם של חסדים, סבבו את היסוד לכל רוח. יצאו החסדים חצים לימין,

---

97. Son côté droit, masculin, son côté gauche, féminin.
98. De *Arikh Anpin*.
99. De *Abah* et *Imah*.
100. *Tifeéret*.
101. Selon la *Hichtalchelout* (développement), mais non selon l'habillement ou il se trouve dans le *Yessod* de *Arikh Anpin*.
102. *Yessod* de *'Atik*.
103. Du *Yessod* de *'Atik*.

moitiés[104] à droite, et poussèrent toutes les *Guevourot*
à sa gauche [de *Yessod*].
Leurs moitiés[105] descendirent du thorax et plus bas,
les *'Hassadim* descendirent
aussi pour les apaiser. Il y a
donc deux *'Hassadim* et
demi révélés, et deux et
demi cachés, projetant vers
l'extérieur leurs lumières[106].

Des *'Hassadim ;* sortirent
Abah et *Israël Saba* à la
droite de *Arikh*, et des
Guevourot; *Imah* et *Tévounah* à sa gauche. *Imah* et
Tévounah; les jambes de
l'une [*Imah*] dans la tête de
l'autre [*Tévounah*], ce qui est
différent pour *Abah* et *Israël
Saba*[107], car deux moitiés de
Guevourot sont révélées
comme une, alors que les
moitiés des *'Hassadim* sont
cachées dans *Yessod*.

ודחו את הגבורות כולם
לשמאלו.
ירדו חצים מן החזה ולמטה,
והחסדים יורדים כנגדם
למתקם.
נמצאו: ב' חסדים וחצי
מגולים,
וב' חסדים וחצי מכוסים,
מוציאים הארתם לחוץ.

יצאו מן החסדים אבא
וישראל סבא לימין של אריך,
ומן הגבורות אימא ותבונה
לשמאלו.
אימא ותבונה - רגליה של זו
בראשה של זו;
מה שאינו כן אבא וי"ס.
ששני חצאיהם של גבורות
מגולים כאחד,
וחצים של חסדים מכוסים
ביסוד.

---

104. Deux et demies.
105. Deux et demies des *Guevourot*.
106. De *Yessod* ils projettent à travers un voile.
107. Qui ne sont pas attachés.

f) *Abah* et *Imah* sont les deux *Mo'hin*[108] de *Atsilout*, ils habillent les deux bras ['*Hessed* et *Guevourah*] de *Arikh*. Ils sont construits de *MaH* et *BaN*, et constitués[109] par les lumières de *Arikh*.

ו. או"א - שני מוחותיו של אצילות - מלבישים זרועותיו של א"א.

בנינם ממ"ה וב"ן,

ותיקוניהם מאורותיו של אריך.

Des trois parties[110] des bras [de '*Hessed* et *Guevourah* de *Arikh*] pour leurs *HBD* [de *Abah* et *Imah*], et de *Tifééret* pour le reste de leurs corps [de *Abah* et *Imah*]. Des trois premières parties de *HGT* [de *Arikh*], pour constituer leurs *Mo'hin* en un seul; des deuxièmes parties seront réalisés leurs *HGT*; des troisièmes, leurs *NHY*.

מג' פרקיהם של זרועות לחב"ד שלהם,

ומת"ת לשאר כל גופם.

ומג' פרקים ראשונים של חג"ת לעשות מוחותיהם כאחד,

מפרקים שניים לחג"ת שלהם,

מפרקים שלישיים לנה"י שלהם.

La première partie de la droite habille la tête de *Abah*, celle de gauche; en parallèle, [habille] *Imah*, les secondes [parties habillent]; leurs *HGT*; les troisièmes; leurs *NHY*.

פרקו הראשון של ימין מתלבש בראשו של אבא,

כנגדו בשמאל באימא,

שני לו בחג"ת של זה וזה,

שלישי לו בנה"י,

---

108. '*Hokhma* et *Binah*.
109. Constitués par les lumières de *Arikh* pour agir.
110. '*Hessed* et *Guevourah* ont trois parties chacun.

Tifeéret [de *Arikh*] est re-couvert sous eux jusqu'au thorax.	והת״ת נכסה תחתיהן מאליו עד החזה.

Abah et *Imah* sont les deux *Partsoufim* qui sont sortis de 'Hokhma et Binah de Atsilout. Véritablement, ils devaient habiller 'Hokhma et Binah de Arikh Anpin, mais après la brisure des Kélim, ils subirent une descente. Des bras de Arikh Anpin ['Hessed et Guevourah], sont sorties les lumières pour construire leurs HBD, et de Tifeéret, leurs corps ; ceci est une première émanation pour les construire ensemble.

Des premières parties de 'Hessed et Guevourah de Arikh, seront constitués les HBD de Abah et Imah, des deuxièmes ; leurs HGT, et de leurs troisièmes ; leurs NHY, ceci est une seconde émanation pour les construire en Partsoufim distincts. La première partie de 'Hessed pour les HBD de Abah, celle de Guevourah pour HBD de Imah, les deuxièmes parties pour leurs HGT, et les troisièmes pour leurs NHY, ceci est une troisième émanation pour la הלבשה (habillement).

g) *Abah* et *Imah* ont *MaH* et *BaN* en eux. Lorsqu'ils s'unirent[111], *Abah* donna son *BaN* à *Imah*, et prit le *MaH* de *Imah* pour lui. Deux *MaH* à droite – *Abah* et *Israël Saba*. Deux *BaN* à gauche - *Imah* et *Tévounah*.	ז. או״א - מ״ה וב״ן בשניהם. נתחברו זה בזה, נתן אבא ב״ן שלו לאימא, ונטל מ״ה שלה לעצמו. שני מ״ה בימין - אבא ויש״ס, שני ב״ו בשמאל - אימא ותבונה.

---

111. *Abah* et *Imah*.

Pendant la gestation dans *Noukvah* de *Arikh Anpin*, pour la construction de *Abah* et *Imah*, *MaH* et *BaN* leurs furent donnés ; ensuite, *Abah* prit tout *MaH* pour lui et donna *BaN* à *Imah*. *Abah* avait donc deux niveaux de *MaH*, les premiers et les seconds. Du premier *MaH*, *Abah* fut réalisé, et du second ; *Israël Saba*. Du premier *BaN*, *Imah* fut réalisée, et du second ; *Tévounah*.

h) *ISOT*[112] - comment ont-ils été constitués ? Les *Malkhout* de *Abah* et *Imah* deviennent des *Partsoufim* distincts ; la moitié de leurs *Tifeéret* et leurs *NHY*[113], s'habillent à l'intérieur d'eux[114], comme *Mo'hin*.

ח. יסו"ת כיצד?
מלכותם של או"א נעשית פרצוף לעצמה,
וחצי ת"ת ונה"י שלהם מלובשים מוחים בתוכם.

Abah et *Imah* sont recomplétés de là à plus haut[115]. *Abah* et *Imah* se trouvent à partir du niveau du thorax de *Arikh*, *ISOT* au niveau de son nombril.

חזרו או"א להשתלם משם ולמעלה. נמצאו:
או"א כלים בחזה של א"א,
יסו"ת בטבור שלו.

112. *Israël Saba* et *Tévounah*.
113. De *Abah* et *Imah*.
114. *Malkhout – ISOT*.
115. Avec des nouveaux *NHY*.

Abah et *Israël Saba, Imah* et *Tévounah*, sont parfois deux[116], et parfois un[117]; lorsqu'ils s'unissent l'un à l'autre.	אבא וי"ס אימא ותבונה - פעמים שנים, פעמים אחד - שהם מתחברים זה בזה.

Une fois que les *NHY* de *Abah* et *Imah* ont été donnés à *ISOT* en tant que *Mo'hin*, des nouveaux *NHY* leurs sont donnés[118], pour que leur *Partsouf* soit complet. Ils sont quatre (*Abah* et *Israël Saba, Imah* et *Tévounah*) pendant la première croissance de *Z'A*, et deux (*Abah* et *Imah*) pendant sa deuxième croissance, *ISOT* alors s'intègrent en eux.

i) Les *Mo'hin* de *Z'A* sont de *Abah* et *Imah*, ils sont enveloppés dans leurs *Kélim*[119]; ceci est le צלם. Comment?	ט. מוחין של ז"א מאו"א, מלובשים בכלים שלהם, זהו הצל"ם. כיצד?
La *Malkhout* du supérieur est l'intériorité du *Partsouf* inférieur, les *Malkhout* de *Abah* et *Imah* sont dans *Z'A*. Ses *NHY*[120] entrent	מלכותו של עליון פנימיות בתחתון - מלכותם של או"א בז"א. נה"י שבה נכנסים בתוכו,

---

116. *Partsoufim.*
117. *Partsouf.*
118. A *Abah* et *Imah.*
119. De *ISOT*, ou de *Abah.*
120. De *Tévounah.*

en lui, ses neuf parties[121] dans ses neuf membres [de *Z'A*]; ceci est le צ. Ses sept premières[122] [de *Tévounah*] encerclant à l'extérieur ; ceci est son למ.

ט' פירקיהן בט' איבריו, זה צ'. ושבע ראשונות שלה מקיפים עליו מבחוץ - ל' מ' שלו.

Les *Mo'hin* de *Z'A* lui sont donnés par le *Zivoug* de *Abah* et *Imah*. Dépendament de l'étape de la croissance de *Z'A*, ils sont de *ISOT*, ou de *Abah* et *Imah* directement. Les *Mo'hin* pénètrent et encerclent le *Partsouf* qu'ils habillent :

- *NHY* qui pénètrent, correspondent au צ
- *HGT* qui l'entourent, correspondent au ל
- *KHBD* qui l'encerclent, correspondent au מ

j) [Quand] *Abah* et *Imah*, [sont séparés de] *ISOT* [qui] sont deux[123], *Z'A* se trouve plus bas que tous, et ses *Mo'hin* sont de *ISOT*.

י. או"א יסו"ת - שנים, ז"א למטה מכולם, מוחיו מיסו"ת.

[Quand] Leurs *Malkhout*[124] sont son צלם, cela correspond à *ISOT* 2. De leurs thorax [de *ISOT* 2] et

מלכות שלהם צלם שלו, אלו יסו"ת שניים. מן החזה שלהם ולמטה ניתן לו למוחין.

---

121. *NHY* de *Tévounah* ont trois parties chacun.
122. *KHBD HGT*.
123. *ISOT* 1 et *ISOT* 2.
124. De *ISOT*.

plus bas [*NHY*], des *Mo'hin* lui sont donnés [à *Z'A*]. Des nouveaux *NHY* sont réalisés pour eux[125], étalés et descendant son arrière jusqu'au niveau de son thorax, telle une mère couvrant ses petits.

ונעשים כנגדם נה"י חדשים לעצמם, משתלשלים ויורדים מאחוריו עד כנגד החזה, כאם זו שרובצת על בניה.

Du thorax [de *ISOT* 2] en montant[126]; ceci est son למ, correspondant à la première croissance [*Gadlout* 1].

מן החזה ולמעלה: ל' מ' שלו, זה גדלות ראשון.

k) [Quand] Ils [*Abah* et *Imah* et *ISOT*] forment un, et *Z'A* est en dessous d'eux; ses *Mo'hin* sont [directement] de *Abah* et *Imah*; leurs *Malkhout* [de *Abah* et *Imah*] sont son צלמ, il y a donc seulement un *ISOT*.

יא. נעשו אחד, וז"א למטה מהם, מוחיו מאו"א, מלכות שלהם צל"ם שלו, אין כאן יסו"ת אלא אחת.

Du thorax et plus bas[127]; sont ses צ, le restant[128]; sont ses למ, correspondant à la deuxième croissance. [*Gadlout* 2]

מן החזה ולמטה - צ' שלו, והשאר - ל' מ'. הרי זה גדלות שני.

---

125. *ISOT*.

126. Les *Sephirot* en dessus de *NHY* de *Tévounah* font son למ.

127. *NHY*.

128. Les *Sephirot* en dessus de *NHY*.

En premier, les *NHY* de *ISOT* 2 habillent *Z'A* en tant que *Mo'hin*; ceci est la première croissance. Quand ce sont les *NHY* de *ISOT* qui l'habillent; ceci est considéré comme si ce sont *Abah* et *Imah* qui l'habillent comme *Mo'hin*; ceci est la deuxième croissance.

l) L'union de *Abah* et *Imah* est permanente, par contre, celle de *ISOT* est occasionnelle. Le *Zivoug* pour la subsistance des mondes est permanent, celui des *Mo'hin* est occasionnel.	יב. זיווג של או״א תדירי, ושל יסו״ת - לפרקים. זיווג חיות העולמות - תדירי, ושל מוחים - בזמנם.

Pour *Abah* et *Imah* il y a deux sortes de *Zivoug*; le *Zivoug* permanent est appelé extérieur; étant pour la subsistance du monde et sans plus, le second est appelé intérieur; étant pour le renouveau des *Mo'hin* de *Z'oN*. Ainsi il existe deux directions dans le monde; une pour sa subsistance, et une dépendante des actions de l'homme, selon la direction de justice – récompense et punition.

ד

Quatrième chapitre

La construction du *Partsouf* *Ze'ir Anpin*

Introduction

L es *Partsoufim Ze'ir Anpin* et *Noukvah* sont les racines de tous les créés. A partir d'eux, se manifeste la direction de la justice. Les *Mo'hin* de *Z'A* lui sont donnés par les *Partsoufim Abah* et *Imah*. Sa construction commence par une première étape de gestation, une deuxième d'allaitement et une troisième de croissance.

a) *Z'A* intègre les six extré-mités[129] du monde (de *Atsi-lout*), et *Noukvah* est sa *Malkhout*. *Arikh Anpin* plia ses jambes[130] et les juxtaposa dans son *HGT*. Les *Kélim* de *Z'A* suivirent, montèrent et les habillè-rent[131], telle qu'est leur forme dans *Arikh Anpin*; est leur forme dans *Z'A*; trois sur trois, et *Malkhout* après eux, en quatrième.

Arikh Anpin les fit monter, les clarifia, et par son *Zi-voug*[132] les fit sortir. *Abah* et *Imah* les firent monter, et les réparèrent définitive-ment; en trois jours, qua-rante jours, trois mois et deux gestations.

א. ז"א - שש קצוותיו של עולם, ונוק' - מלכות שלו. קפל א"א את רגליו והעלם על חג"ת שלו. עלו כליו של ז"א אחריהן והלבישום. כצורתן בא"א צורתם בז"א - שלש על גבי שלש, ומלכות - רביעית אחריהם.

נטלם א"א וברדם, והוציאם בזיווגו. נטלום או"א ותקנום לגמרי: בג' ימים, ובמ' יום, בג' חדשים, ובג' עיבורים.

Arikh a en premier lieu remonté ses *NHY* (jambes), ainsi que le troisième tiers, de son *Tifééret* pour habiller son *HGT*; ceci est appelé le repliement des jambes. Cela fut réalisé par les lumières réfléchies. Les *Kélim* de *Z'A* suivirent et habillèrent

---

129. *Abah* et *Imah* étant les *Mo'hin*.
130. Son *NHY*.
131. Les *NHY* de *Arikh Anpin*.
132. Avec sa *Noukvah*.

les *Sephirot* de *HGT* et *NHY* de *Arikh Anpin* qui étaient repliées sur elles-mêmes. Par son *Zivoug* avec sa *Noukvah*, *Arikh Anpin*, les fit sortir ; ils furent ensuite pris par *Abah* et *Imah* qui les réparèrent complètement par leur *Zivoug*[133].

Le repliement des jambes de *Arikh Anpin*, fut la première force donnée aux *Kélim* brisés pour qu'ils remontent dans *Atsilout*. *Arikh Anpin* est la racine de tous les *Partsoufim* de *Atsilout*, il doit donc réparer tous les *Kélim* afin que tout soit attaché à lui. Les premières étapes de réparation sont dans *'Hokhma Stimaah*, et dans *Dikna*.

b) En trois jours, comment ? Ceux ci sont les trois jours d'insémination : Le premier jour *Abah* répara la droite en eux [*Z'oN*], le second jour *Imah* répara la gauche en eux, le troisième jour *Abah* donna de lui[134] dans *Imah*, et ils se joignirent l'un à l'autre [le coté droit au coté gauche].	ב. ג׳ ימים כיצד? אלו ג׳ ימים של קליטה. יום א׳: תיקן אבא את הימין שבהם. יום ב׳: אימא את השמאל שבהם. יום ג׳: נתן אבא את שלו באימא, ונתחברו אלה באלה.
Il y a trois *Milouyim*[135] [d'étincelles] : le *Milouy* de *MaH* est de dix-neuf, celui	ג׳ מילוים הם: מילויו של מ״ה - י״ט. ושל ס״ג -

133. De *Abah* et *Imah*.
134. Ce qu'il répara.
135. Dans le sens de remplissage. Chaque nom : *'AV*, *SaG*, *MaH*, moins les initiales du nom de *YKVK* (26).

de *SaG* est de trente-sept, et celui de *'AV*; quarante-six.

ל"ז, ושל ע"ב - מ"ו.

Pour le *Tikoun* de *Z'A*; six des dix-neuf [étincelles], entrent le premier jour, six au deuxième, et sept au troisième. Pourquoi six[136]? Car les lignes [piliers] de *Z'A* sont réparés par eux. Au troisième [jour], une de plus à cause de l'union des lumières [du pilier droit et gauche].

תיקונו של ז"א -
ו' מי"ט נכנסים ביום ראשון,
ו' בב', ז' בג'.
למה ו'? שקויו של ז"א
נתקנים בהם.
ובשלישי אחד יותר מפני
חבורם של אורות.

Trente sept [étincelles], en trente sept jours, cela fait quarante jours[137], l'enfant est formé par la lumière de *Imah*; quarante six [étincelles], en quarante six jours[138], comme les trois mois ou l'on peut ensuite distinguer le foetus.

ל"ז בל"ז ימים - הרי מ' יום.
נוצר הולד באורה של אימא,
מ"ו במ"ו ימים; כמשלוש
חדשים - זמן היכרו של עובר.

Après que les *Kélim* furent remontés; cent deux étincelles y entrèrent. En premier lieu; dix-neuf[139] étincelles de l'aspect de

---

136. Car ensuite, une étincelle par jour.
137. Avec les trois premiers.
138. Cela fait un total de 86 jours (presque 3 mois lunaires).
139. *MaH* (45) -26 = 19.

MaH; six le premier jour, six le deuxième et sept le troisième jour.

Le premier jour furent réparés les aspects du coté droit de cette sélection, correspondant à : *'Hessed, Netsa'h*, la moitié de *Tifeéret*, la moitié de *Yessod* et la moitié de *Malkhout*, par la *Tipah* (goutte) de *Abah*.

Le deuxième jour, les aspects du coté gauche furent réparés, correspondant à : *Guevourah, Hod*, la moitié de *Tifeéret*, la moitié de *Yessod* et la moitié de *Malkhout*, par la *Tipah* de *Imah*.

Le troisième jour, *Abah* donna les parties qu'il avait réparées à *Imah* ; les parties se joignirent, firent un tout complet disposé en trois piliers. Ensuite vinrent aux *Kélim* trente sept[140] étincelles de l'aspect de *SaG* et quarante six[141] de l'aspect de *'AV*.

c) La construction de *Z'A* [comprend] : *Kélim*, étincelles et lumières. Les *Kélim* qui se brisèrent, les étincelles qui descendirent, et les lumières qui partirent, [remontèrent lors de la brisure des *Kélim*]. Ils revinrent et se réparèrent l'une l'autre, en trois gestations[142] ;	ג. בנינו של ז״א - כלים וניצוצות ואורות: כלים שנשברו, ניצוצות שירדו, אורות שנסתלקו. חוזרים ונתקנים זה בזה בג׳ עיבורים -

---

140. *SaG* (63) -26 = 37.
141. *'AV* (72) -26 = 46.
142. Une pour les étincelles, une pour les *Kélim* et une pour les lumières.

de sept mois[143], de neuf mois[144], et de douze mois[145].

של ז' חדשים, ושל ט', ושל י"ב.

Imah et Tévounah s'unissent pour ne faire qu'une configuration. Aussi, il y a trois niveaux de Yessod en eux : Yessod de Imah, Yessod de Tévounah, et la place de la coupe, quand elles se séparent et se divisent l'une de l'autre.

אימא ותבונה מתחברים כאחד, וג' מקומות של יסוד יש בהם:
יסודה של אימא,
ויסודה של תבונה,
ומקום החתך - כשהן מתפרדות נחתכות זו מזו.

Ses Kélim[146] sont réparés par Yessod de Tévounah; ses étincelles à l'endroit de la coupe, ses lumières par Yessod de Binah [Imah]. Dans le monde ici-bas[147], il existe aussi trois sections.

נתקנים כליו ביסודה של תבונה,
ניצוציו במקום החתך,
אורותיו ביסודה של בינה.
כנגדם למטה ג' מדורות.

Un Partsouf comprend trois composantes : Kélim, étincelles et lumières. Au début, dans le 'Olam Hanékoudim, seulement six Sephirot de Z'A sortirent; les parties qui sont nécessaires pour son HBD restèrent dans Imah. Lors de la

---

143. Pour les lumières.
144. Pour les étincelles.
145. Pour les Kélim.
146. De Z'A.
147. Dans la femme (voir Nidah, 31, 1).

brisure des *Kélim*, les lumières retournèrent en haut[148], les *Kélim* et les étincelles descendirent dans *Beriah*. Les trois[149] doivent être réparés, afin de s'unir et former le *Partsouf*. Le *Tikoun* est donc de réunir ces trois aspects ensemble ; par les trois gestations de sept, neuf et douze mois.

d) Le corps de *Z'A* est composé de dix *Sephirot*. Sept *Sephirot*[150] furent établies en sept mois[151], et trois[152] dans les vingt quatre mois de l'allaitement ; huit mois chacune. Sept [mois] qui sont neuf, car *Da'at* se divise en *'Hassadim* et *Guevourot*.	ד. גופו של ז״א עשר ספירות. נתבררו ז' ספירות בז' חדשים, וג' ספירות בכ״ד חדשים של יניקה, ח' חדשים לאחת. ז' שהם ט', שהדעת מתחלק לחסדים וגבורות.

Le *Tikoun* des lumières fut de sept mois, mais pour les *Kélim* ; douze mois, et pour les étincelles ; neuf mois. *Hod*, *Yessod* et *Malkhout* ne furent pas réparés lors de la gestation, mais plutôt dans la période de l'allaitement. Ces *Sephirot* durent passer à travers les huit[153] *Sephirot* supérieures, (un mois pour chaque *Sephira*), ce qui fait les vingt quatre mois de l'allaitement. Parfois *Da'at* n'est pas comptée, ce qui fait un total de vingt et un mois.

---

148. Elles descendirent en premier jusqu'à la fin de *Atsilout* et remontèrent.
149. *Kélim*, étincelles et lumières.
150. *Keter*, *'Hokhma*, *Binah*, *'Hessed*, *Guevourah*, *Tifeéret*, *Netsa'h*.
151. De la gestation.
152. *Hod*, *Yessod*, *Malkhout*.
153. Sept *Sephirot* et *Da'at*.

e) Ils sont trois *Kélim*[154] :
NHY est le premier *Kéli*, [le
Kéli de] *HGT* est déposé
dans son intérieur, et [le
Kéli de] *HBD* est déposé
dans l'intérieur de *HGT*.

ה. ג' כלים הם:
נה"י כלי א', פנימי לו חג"ת,
פנימי לו חב"ד.

Il existe trois *Nechamot*[155]
en eux : *Nefech* dans *NHY*,
Roua'h dans *HGT*, *Nechama* dans *HBD*. Quand sont
ils réparés ? Pendant la gestation, l'allaitement, et
[quand ils reçoivent] les
Mo'hin.

וג' נשמות בתוכם -
נפש בנה"י, רוח בחג"ת
נשמה בחב"ד.
אימתי הם נתקנים?
בעיבור יניקה ומוחין.

Les *Kélim* de *HGT* s'habillent dans ceux de *NHY* et
forment leur intérieur, mais ils sont extérieurs aux *Kélim* de
HBD qui s'habillent en eux [*HGT*]. Il en est de même pour
leurs lumières.

Dans la gestation ; la première sélection à être faite dans
l'arrangement des trois piliers, les *Mo'hin* sont du plus bas
niveau et sont appelés ; *NHY* des *Mo'hin*, de l'aspect de
Nefech.

Dans l'allaitement ; les lumières grandissent, et les *Mo'hin*
sont d'un niveau supérieur et sont appelés ; *HGT* des *Mo'hin*,
de l'aspect de *Roua'h*.

---

154. Dans *Z'A*.
155. *Nefech*, *Roua'h* et *Nechama*.

Dans la croissance, les *Mo'hin* sont pleinement développés pour diriger *Z'oN* avec la force de *HBD*; ils sont de l'aspect de *Nechama*.

f) *NHY*[156] dans la gestation ; comment ?[157] Son *NHY*[158] et son *HGT*[159] sont son extériorité, *HBD*[160] est *Nefech* en eux.	ו. כיצד נה"י בעיבור? נה"י וחג"ת שלו - חיצוניות, וחב"ד - נפש בתוכם.
HGT[161] [est réparé] pendant l'allaitement ; son *NHY*[162] et son *HGT*[163] sont son extériorité, et *HBD*[164] est *Roua'h* en eux.	חג"ת ביניקה? נה"י וחג"ת: חיצוניות, וחב"ד רוח בתוכם.
HBD[165] [est réparé] à la croissance ; ceux-ci sont *HGT* qui montent et deviennent *HBD*, *NHY* prennent leur place [deviennent *HGT*], et de nouveaux *NHY* sont renouvelés plus bas pour eux [*Z'A*].	חב"ד בגדלות? אלו חג"ת שעולים ונעשים חב"ד, ונה"י במקומם, ונה"י אחרים מתחדשים להם למטה.

---

156. Qui est le *Kéli* extérieur.
157. Comment sont-ils réparé?
158. *NHY* de *NHY*.
159. *HGT* de *NHY*.
160. *HBD* de *NHY*.
161. Qui est le *Kéli* intermédiaire.
162. *NHY* de *HGT*.
163. *HGT* de *HGT*.
164. *HBD* de *HGT*.

HBD descendent dans tous ;
ceci correspondant à la Nechama [âme], elle contient
Nefech, Roua'h, Nechama,
'Haya et Ye'hida. NRN[166]
sont l'intériorité, 'Haya et
Ye'hida sont leurs encer-
clantes, tout les Kélim sont
« extériorité » par rapport à
eux [HBD].

Trois composés de trois[167] :
NHY HGT HBD dans
NHY, [les trois aspects du
Kéli extérieur].
NHY HGT HBD dans
HGT, [les trois aspects du
Kéli intermédiaire].
NHY HGT HBD dans
HBD. [les trois aspects du
Kéli intérieur].
NRN de la croissance, en
eux tous.

A l'instar de l'homme :
Peau, veines, os, et NRN
en eux.

חב"ד יורדים בכולם,
זהו נשמה, שבה נרנח"י.
נר"ן - פנימים, ח"י - מקיפים
להם.
חזרו כל הכלים חיצוניות
לגבה.

ג' של ג':
נה"י חג"ת חב"ד - בנה"י,
נה"י חג"ת חב"ד - בחג"ת,
נה"י חג"ת חב"ד - בחב"ד.
ונר"נ של גדלות בתוך כולם.

כנגדם באדם -
בשר וגידים ועצמות, ונר"נ
בתוכם.

165. Qui est le Kéli intérieur.
166. Nefech, Roua'h et Nechama.
167. Chacun de ces trois aspects de Kéli, a à son tour trois aspects.

Les *Kélim* contiennent trois niveaux : Intérieur, intermédiaire et extérieur. *NHY* est le *Kéli* extérieur à *Z'A*, *HGT* l'intermédiaire, et *HBD* l'intérieur. A chaque niveau, correspondent trois aspects tels que :

NHY de *NHY* – *Kéli* extérieur de *NHY*
HGT de *NHY* – *Kéli* intermédiaire de *NHY*
HBD de *NHY* – *Kéli* intérieur de *NHY*...

NHY est l'aspect de *Nefech*, *HGT* de *Roua'h*, et *HBD* de *Nechama*. *NHY* de *NHY* est donc l'aspect de *Nefech* de *NHY*, etc. Tous les aspects de *NHY* sont réparés dans la gestation, ceux de *HGT* dans l'allaitement, et ceux de *HBD* dans la croissance. *HGT*, devient *HBD*, *NHY* devient *HGT* et de nouveaux *NHY* sont constitués pour *Z'A*.

g) [Pendant la croissance] Tous les [*Kélim* des aspects de] *NHY* deviennent *NHY*, les *HGT* [deviennent] *HGT*, et tous les *HBD* [deviennent] *HBD*. *HBD* de *NHY* : Os[168], *HBD* de *HGT* : Veines, *HBD* de *HBD* : Mo'hin, Tel que dans le corps de l'homme[169] : Os[170], veines, cerveau, et la *Nechama* à l'intérieur de tous.	ז. כל הנה"י נעשים נה"י, וכל חג"ת - חג"ת, וכל חב"ד - חב"ד. חב"ד שמנה"י - עצמות, חב"ד מחג"ת - קרומות, חב"ד מחב"ד - מוחין; שכן בגופו של אדם עצמות קרומות ומוחין, ונשמה בתוכם.

---

168. Crâne.
169. Dans sa tête, crâne, veines et cerveau.
170. Crâne.

Les extérieurs sont les *NHY* et *HGT*, les intérieurs sont les *HBD*. Tel que pour l'homme : Corps et *Nechama*.	חזרו כל החיצוניות - נה"י וחג"ת, וכל הפנימיות - חב"ד להם. כנגדם באדם - גוף ונשמה.
Les *Kélim* se divisèrent en intérieurs et extérieurs ; la *Nechama* en eux est lumières et étincelles. De toutes ces composantes ; *Z'A* est construit.	נחלקו הכלים לפנימי וחיצון, ונשמה בתוכם - אורות וניצוצות. בנינו של ז"א משוכלל מכל אלו.

Dans la croissance, tous les aspects de *NHY* des *Kélim*, tel que : *NHY* de *NHY*, *NHY* de *HGT* et *NHY* de *HBD*, deviennent *NHY* de *Z'A*. Tous les *HGT* deviennent *HGT* de *Z'A*, et tous les *HBD* deviennent *HBD* de *Z'A*. *HBD* de *Z'A* est donc de tous les aspects intérieurs, *HGT* des aspects intermédiaires, et *NHY* des aspects extérieurs. *HGT* et *NHY* sont les aspects extérieurs de *HBD*, tel que pour l'homme ; le corps procédant de l'aspect extérieur, et l'âme de l'aspect intérieur.

h) Il y a quatre gestations [pour *Z'A*] : Deux pour réaliser ses niveaux extérieurs[171], deux pour ses niveaux intérieurs[172] – gestation pour ses six [*Sephirot*] inférieures, et gestation pour ses *Mo'hin*.	ח. ד' עיבורים הם: ב' בחיצוניותו, וב' בפנימיותו - עיבור דו"ק, ועיבור דמוחין.

---

171. *NHY* et *HGT*.
172. *HBD*.

La première gestation est de douze mois, la seconde est de neuf mois ; ceci est pour ses niveaux extérieurs. De même pour ses niveaux intérieurs ; de neuf, et de sept mois.	עיבור ראשון י"ב חדשים שני לו ט' בחיצוניות. כנגדם בפנימיות - של ט', ושל ז'.

Quatre gestations sont nécessaires pour *Z'A*, à l'intérieur de *Imah*, afin qu'il atteigne sa pleine croissance. La gestation pour les intérieurs des *Mo'hin* est de sept mois, et pour celle des six *Sephirot* inférieures ; neuf mois. La gestation pour les extérieurs des *Mo'hin* est de neuf mois, et pour les extérieurs des six inférieures ; douze mois. Les premières gestations sont dans *Tévounah*, les secondes dans *Imah*.

i) L'allaitement est de vingt quatre mois[173] afin de réparer *Hod*, *Yessod* et *Malkhout*. A partir de là, à la croissance, il faudrait onze années et un jour. Comment ? Sept parties de *NHY* de *Tévounah* [rentrent dans *Z'A*] en sept ans, et sa couronne[174] en un jour. D'elle[175], sortent les *'Hassadim* révélés du thorax [de *Z'A*] et de plus bas.	ט. היניקה כ"ד חדשים. בירורם של הי"מ. ממנה לגדלות י"א שנה ויום א'. כיצד ? ז' פרקיהם של נה"י דתבונה בז' שנים, ועטרה שלה ביום א', שבו יוצאים החסדים מגולים מן החזה ולמטה.

---

173. Huit mois chacune.
174. De *Yessod*.
175. De la couronne de *Yessod*.

Ils [les 'Hassadim] descendent pour se regrouper dans Yessod, et retournent vers le haut par leurs piliers [Netsah et Hod], jusqu'à ce qu'ils remontent dans toutes les six extrémités [de Z'A].

יורדים ונכללים ביסוד, וחוזרים בקוויהם מלמטה למעלה עד שעולים בכל שש קצותיו.

Cinq Guevourot descendent après eux, et sont adoucies dans Yessod, deux et demi dans la descente, le reste ; par les 'Hassadim qui retournent vers le haut.

ה' גבורות יורדות אחריהן ונמתקים ביסוד, ב' וחצי בירידה, והשאר בחזריתם של חסדים עולים ומתמתקים אתם.

Les 'Hassadim feront la croissance pour Z'A, les Guevourot la croissance pour Noukvah. La direction pour le masculin est par la droite, pour le féminin ; par la gauche.

החסדים - גידולו של זעיר. והגבורות - גידולה של נוק'. שהנהגתו של זכר לימין, ושל נוק' לשמאל.

Les *Sephirot* qui sont réparées pendant la gestation sont : *Keter*, *'Hokhma*, *Binah*, les *'Hassadim* et *Guevourot* de *Da'at*, *'Hessed*, *Guevourah*, *Tifééret*, *Netsa'h*. Neuf *Sephirot* (incluant les *'Hassadim* et *Guevourot* de *Da'at*) sont comme les neuf mois de gestation pour un nouveau né.

Celles qui sont réparées pendant l'allaitement sont : *Hod*, *Yessod* et *Malkhout*, elles sont réparées plus tard[176], tel un nouveau né qui ne peut marcher à sa naissance, il a besoin de l'allaitement pour prendre des forces dans ses jambes et se tenir sur elles. Pendant le temps de la gestation, *Z'A* n'agit pas vraiment, étant en train de se construire, dans la période de l'allaitement il commence à agir, et dans la croissance il est prêt à agir pleinement.

j) Les *'Hassadim* retournè-rent [de *Yessod* de *Z'A*] à *'Hessed* et *Guevourah* [de *Z'A*], ils[177] grandirent et doublèrent [de trois tiers à six tiers], chacun est donc de six tiers, trois restèrent à leur place[178], deux montè-rent de *'Hessed* à *'Hokhma*, deux de *Guevourah* à *Bi-nah*, un tiers [partagé] dans chaque [*'Hessed* et *Guevou-rah*, monta], à la droite et à la gauche de *Da'at*.

י. חזרו החסדים לחסד ולגבורה, והגדילום, והם נכפלים.
נמצאו כל אחד ו' שלישים.
ג' נשארים במקומם,
ב' מחסד עולים לחכמה,
וב' מגבורה לבינה,
והשלישי שבשניהם לימין ושמאל שבדעת.

Deux des tiers de *Tifeéret* doublèrent et devinrent quatre, deux [restèrent] à leurs places, un monta à *Keter* de *Noukvah*, un mon-ta vers le celui qui est caché[179] et le doubla [de

נכפלו ב' שלישיו של ת"ת ונעשו ד'.
ב' למקומם,
א' לכתר נוק',
וא' עולה למכוסה, ומכפילו.

---

176. En vingt quatre mois.
176. Les *'Hassadim*.
178. Dans les *Kélim* de *'Hessed* et *Guevourah*.
179. Un tiers supérieur de *Tifeéret* qui est caché ou enveloppé.

taille]. Un [caché] resta à sa place, et un[180] monta avec lui[181] jusqu'au *Keter* [de *Z'A*].

נשאר א' במקומו,
וא' מעלהו עמו עד הכתר.

Deux rois [*Ze'ir Anpin* et *Noukvah*] se trouvent à partager la même couronne ; *Z'A* se complète avec la sienne.

נמצאו שני מלכים משתמשים בכתר אחד.
וז"א נשלם בשלו.

La montée des *'Hassadim* vers *HBD* est de trois années, et une année pour *Keter* qui est au dessus.

עליתם של חסדים בחב"ד ג' שנים, ושנה, לכתר ששורה על גביהם.

Ceci est le temps nécessaire pour les *'Hassadim* qui montent vers *Keter*. Treize ans et un jour ; ceci est la croissance.

יומם של חסדים עולים לכתר.
והרי י"ג שנים ויום א',
זה הגדלות.

La direction procède de *Da'at* de *Z'A*. *Da'at* est le résultat de tous les *Tikounim* de *'Hokhma* et *Binah* de *Z'A*. Pour cette raison, *Da'at* a besoin de s'épancher plus que les autres *Mo'hin*, car pour eux, se tenir dans l'arrangement des trois piliers dans *Z'A*, est suffisant. *Da'at* s'épanche dans tous les cotés de *Z'A*, et dans *Noukvah*.

---

180. Des tiers inférieurs découverts.
181. Un des tiers caché.

Pour la direction, *Z'A* reçoit cinq *'Hassadim*, et *Noukvah* cinq *Guevourot*, de *Da'at*. *'Hessed*, *Guevourah* et *Tifeéret* sont composés de trois tiers, le tiers supérieur de *Tifeéret* est caché ou recouvert par *Yessod* de *Tévounah*. Après tout l'épanche-ment des *'Hassadim* jusqu'au bas de *Z'A*, et leur remontée jusqu'à *Keter*; *Z'A* a alors atteint le niveau de croissance.

k) Au dessus[182] de צ, il y a ל מ qui le couronnent [à *Z'A*], leur temps[183] [pour arriver] est de deux ans, ceux ci sont de *Imah*.	יא. למעלה מצ' - ל' מ' מקיפין. זמנם שתי שנים, אלו מאימא.
Les [*Mo'hin*] intérieurs de *Abah*; trois ans [pour ren-trer dans *Z'A*], et deux ans pour ses encerclants, ceci est la complétion de la barbe.	פנימים דאבא ג' שנים. וב' שנים למקיפיו, הרי זה מלוי זקן.

Après la rentrée des *Mo'hin* intérieurs, les *Mo'hin* extérieurs encerclent *Z'A*. Il y a deux *Mo'hin* distincts qui viennent à *Z'A*; les *Mo'hin* de *Imah* qui arrivent en premier, et ensuite ceux de *Abah*. Les *Mo'hin* qui sont donnés de *Abah* et *Imah* à *Z'A*, ne rentrent pas complètement dans lui, seulement les *NHY* rentrent, le reste se trouve au-dessus de lui; encerclant sa tête.

NHY se composent de neuf parties, correspondant au צ, et se répandent dans les neuf *Sephirot* de *Z'A*. Les encerclants

---

182. Au dessus de צ qui représente les *Mo'hin* intérieurs, il y a les *Mo'hin* encerclant de l'extérieur.
183. Des *Mo'hin* extérieurs.

sont ל מ ; ils n'ont pas besoin de s'épancher dans lui, et se retrouvent à son extérieur, dans l'arrangement des trois piliers de bonté, rigueur et miséricorde.

Après avoir reçu tous les *Mo'hin* de *Imah* et de *Abah*; c'est la première croissance, vingt ans se sont écoulés, *Z'A* a une pleine barbe, tel un homme âgé de vingt ans.

l) De *Tévounah* [quand *Z'A* reçoit les *Mo'hin* de lui] il y a enfance et croissance [pour *Z'A*], état premier d'enfance, et de première croissance. De même de *Imah*; deuxième état d'enfance, et deuxième de croissance.	יב. בתבונה - קטנות וגדלות: קטנות ראשונה, וגדלות ראשונה. כנגדם באי׳ - קטנות וגדלות שנייה.
De la même façon[184] que le premier, est le deuxième[185], les premiers *Mo'hin* [de *Tévounah*] sont d'en bas, les deuxièmes [de *Imah*]; d'en haut[186].	כעניינו בראשונה עניינו בשנייה. שמוחין הראשונים מלמטה, והשניים מלמעלה.

Comme il y a deux gestations, il y a deux croissances; la première à partir de *Tévounah*, et la seconde à partir de *Imah*. Les premiers *Mo'hin* sont de *Tévounah*, et les deuxièmes; plus importants; de *Imah*. Ce n'est qu'après la deuxième croissance, que *Z'A* atteint son plein potentiel; ceci est la *Gadlout* 2.

---

184. La rentrée, la propagation...
185. Les mohin de *Imah*.
186. Ils sont plus hauts que ceux de *Tévounah*.

Cinquième chapitre

La construction du
Partsouf Noukvah

Introduction

L e *Partsouf Noukvah* représente le féminin ; le principe de
réception. Il comprend deux *Partsoufim* distincts :
Ra'hel et Leah. Une fois le *Partsouf Ze'ir Anpin* construit ;
la construction de *Noukvah* commence, à partir des lumières
qui lui sont données par *Abah*, *Imah* et *Ze'ir Anpin*. Une fois
construite, elle se détache de *Z'A*, et peut agir maintenant
comme un *Partsouf* indépendant.

a) L'état [premier] de Nou-kvah correspond à un point; c'est la septième des six [*Sephirot*]. Lorsque *Z'A* monte, elle monte avec lui; lors de la gestation, de l'allaitement, et de la crois-sance.

א. קביעותה של נוק׳ - נקודה אחת, שביעית לששה. עלה הז״א, ועלתה אחריו בעיבור וביניקה ובגדלות.

b) [Pendant la gestation] Les six extrémités [de *Z'A*] sont trois sur trois[187], et *Mal-khout* est quatrième après eux, sur *Yessod* [de *Z'A*].

ב. ו״ק תלת גו תלת, והמלכות רביעית אחריהן על היסוד.

[Pendant l'allaitement] *NHY*[188] descendirent, et *HGT*[189] furent révélés. *Malkhout* resta attachée à l'arrière de *Tifeéret*.

ירדו נה״י ונתגלו חג״ת, נשארה המלכות דבוקה בת״ת מאחוריו.

[Pendant la croissance] *HGT* montèrent et devin-rent *HBD*, *Malkhout* mon-ta et fut enracinée dans *Da'at*[190].

עלו חג״ת ונעשו חב״ד, עלתה המלכות ונשרשה בדעת.

---

187. *NHY* se replient sur *HGT*.
188. De *Z'A*.
189. De *Z'A*.
190. De *Z'A*.

Z'oN grandissent ensemble, il n'y a perfection pour le masculin que lorsqu'il se complète avec son féminin. Même si ils sont deux *Partsoufim* distincts, et ont chacun leurs propres *Tikounim*, tout le temps que *Z'A* est en construction, *Noukvah* est avec lui.

Pendant la gestation, elle est attachée à son *Yessod* (elle est encore considérée comme un point), pendant l'allaitement, elle se retrouve sur son *Tifeéret*, et pendant la croissance, elle est sur son *Da'at*. Ce n'est qu'après sa construction complète, que *Z'A* commence à construire *Noukvah*, par ses *NHY*[191].

c) Elle [*Noukvah*] descend [de *Da'at*] pour être construite, sa construction est faite par les arrières de son *NHY* [de *Z'A*].
Tifeéret[192] [de *Z'A*] dans *Keter* [de *Noukvah*],
Netsa'h et *Hod* [de *Z'A*] dans *'Hokhma* et *Binah* [de *Noukvah*],
Yessod [de *Z'A*], dans *Da'at* [de *Noukvah*], entre ses épaules ; celles-ci sont les premières[193] parties [de

ג. יורדת להבנות -
בנינה מנה"י שלו מאחוריהם.
ת"ת בכתר, נו"ה בחו"ב, יסוד
בדעת שבין כתפיה.
אלו פרקים ראשונים,
והשאר בשאר גופה.

---

191. De *Z'A* en premier.
192. Des deux tiers inférieurs de *Tifeéret*.
193. De trois.

NHY], les autres parties[194] ;
dans le reste de son corps
[de Noukvah].

Huit années pour huit parties[195], la mesure du Yessod
masculin [de Z'A] est de
deux parties, il aboutit à la
fin de sa Tifeéret [de Nouk-
vah], à partir de là, descendent de lui les Guevourot à
son Yessod [de Noukvah,
cela ce fait], en un jour.

ח' שנים לח' פרקיהם,
שיסודו של זכר ארוך ב'
פרקים.
נמצא כלה בסוף ת"ת שלה,
שמשם יורדות הגבורות ממנו
ליסוד שלה ביום א'.

Ils [les Guevourot] retournent du bas vers le haut
[dans Noukvah], de Yessod
à Tifeéret ; une année,
d'elle[196] à Da'at ; une année,
ensuite une année pour [la
construction de] son Keter,
et de Da'at à Keter ; encore
une année. Celles-ci sont les
douze années et un jour ; car
la Noukvah prime sur le
masculin [d'une année].

חוזרים מלמטה למעלה:
מיסוד לת"ת שנה א',
ממנה לדעת שנה א',
שנה אחת לכתר שלה,
מדעת לכתר שנה א'.
אלו י"ב שנים ויום א',
שהנוק' מקדמת לזכר.

---

194. De NHY.
195. Trois parties chaque de Netsa'h et Hod, et deux parties de Yessod.
196. De Tifeéret.

Z'oN étaient donc attachés par leurs arrières ; sur eux il est écrit : « Tu m'a crée arrière et devant et tu poses sur moi ta main » (Tehilim, 139, 5).	נמצאו דו"ן מדובקים מאחוריהם, ועליהם הוא אומר (תהלים קלט, ה): "אחור וקדם צרתני".

Afin de devenir un *Partsouf* complet, *Noukvah* a besoin d'être réparée par *Z'A*. Après sa croissance, une fois qu'il a reçu ses *Mo'hin*, *Z'A* commence à lui diffuser ses lumières par ses arrières pour la construire.

Elle descend de son *Da'at*[197] ; son *Tifeéret*[198] fait son *Keter*. Les différentes parties de son *NHY*[199] font ses *HGT, NHY*, et *Malkhout*. Dans *Da'at* de *Z'A*, sont enracinés les *'Hassadim* et *Guevourot*, les *Guevourot* descendent dans *Yessod* de *Z'A*, elles sont adoucies par les *'Hassadim* qui s'y trouvent déjà. De là, les *Guevourot* sont transmises à *Da'at* de *Noukvah*, elles descendent dans son *Yessod*[200], et ensuite remontent à son *Keter*[201]. Pendant tout ce processus, *Da'at* de *Noukvah* est attachée au dos de *Z'A*.

d) *Imah*[202] sort de *Z'A*, ses *Mo'hin* [de *Z'A*] sont contenus en elle [dans *NHY* de	ד. יוצאת אימא מז"א, ומוחיו בתוכה.

---

197. De *Z'A*.
198. De *Z'A*.
199. De *Z'A*.
200. De *Noukvah*.
201. De *Noukvah*.
202. Les *NHY* de *Imah*.

Imah], et les *NHY* de *Abah* sont aussi habillés en elle [dans *NHY* de *Imah*].

ונה"י אבא מלובשים בה.

Ils pénètrent[203] pour construire *Noukvah*; elle est apaisée[204] par eux. 'Hessed [de *Imah*] se diffuse dans *Z'A*, qui expulse les *Guevourot* par ses arrières, elles sont données par leur intermédiaire[205] à *Noukvah*, et elle se détache de lui.

נכנסים ובונים את הנוק' מתוקנת על ידיהם. וחסד נמשך לז"א, שדוחה הגבורות שבאחוריו, וניתנים על ידיהם לנוק', וננסרה ממנו.

Noukvah est construite de la gauche[206], et *Z'A* de la droite[207]. Ils se retrouvent face à face, et *Noukvah* est alors construite[208] devant lui.

נמצא: נוק' בנויה לשמאל, וז"א לימין. חוזרים זה נגד זה ונבנית לפניו.

Sur eux il est écrit : « L'Eternel-D.ieu constitua en une femme la côte qu'Il avait prise à l'homme, et Il la présenta à l'homme. » (Berechit, 2, 22).

עליהם הוא אומר (בראשית, ב, כב): "ויבן ה' אלהים את הצלע ויביאה אל האדם".

---

203. Dans *Noukvah*.

204. Les *Guevourot* données par eux sont plus adoucies, que ceux données par *Z'A*.

205. Les arrières de *Z'A*.

206. De l'aspect des *Guevourot*.

207. De l'aspect des 'Hassadim.

208. Etant maintenant séparée.

Les *Mo'hin* à l'intérieur de *Z'A*, sont les *NHY* de *Imah*, et à l'intérieur d'eux[209], s'habillent les *NHY* de *Abah*. Pendant la construction de *Noukvah*, ils[210] quittent *Z'A* et s'habillent à l'intérieur de *Noukvah*, pour qu'elle soit un *Partsouf* complet, et détaché de *Z'A*.

Les *Guevourot* sont données à *Noukvah*, directement par *Imah*, elle est alors plus adoucie, que dans l'état où elle les recevait de *Z'A*. *'Hessed* qui quitta *Z'A* avec ses *Mo'hin*, lui revient, *Z'A* expulse ses *Guevourot* par ses arrières, à *Noukvah*.

Noukvah a maintenant les *Guevourot* de *Abah*, *Imah* et de *Z'A*, et il y a *Nessirah*[211] (sa séparation de lui). Les arrières de *Noukvah* étant complets dans l'aspect des *Guevourot*, et ceux de *Z'A* dans l'aspect des *'Hassadim*, ils se retrouvent maintenant face à face.

e) La construction d'un *Partsouf* se fait avec les vingt deux lettres. Vingt deux lettres sont données par *Z'A* à *Noukvah*, et elles s'intègrent dans son *Yessod*[212], ainsi que [les cinq lettres finales] מנצפך correspondant aux *Guevourot* et contenant *M'N*[213].	ה. בנינו של פרצוף בכ"ב אותיות. כ"ב אותיות לנוק' מז"א, נכללים ביסודה, ומצנפ"ך גבורות מ"ן בתוכם.

---

209. *NHY* de *Imah*.
210. Les *Mo'hin*.
211. Littéralement ; sciure.
212. De *Noukvah*.
213. *Mayim Noukvin*.

Vingt-deux autres lettres lui sont données [à *Noukvah*], par *Imah*, mais non par le biais de *Z'A*, ainsi que מנצפך contenant *M'N*[214].

וכ"ב אחרות ניתנות לה מאימא שלא על ידו, ומנצפ"ך מ"ן בתוכם.

Les vingt deux lettres [font] un *Dalet* (ד) avec un axe ; ‌ֶֹ. Ils sont deux[215] *Dalet* avec deux axes qui forment un ם; ceci est le *Kéli*.

כ"ב אותיות דלת וציר נמצאו שתי דלתות ושני צירים שהם ם אחת. וזה הכלי.

Vingt deux lettres de *Imah* sont comme une[216] ; un mois pour les vingt deux lettres, et cinq mois pour les cinq מנצפך; cela fait six mois, correspondant à la période entre la jeune fille et la puberté.

כ"ב אותיות מאימא נכללים כאחד, חודש לכ"ב אותיות, וה' חדשים לה' של מנצפ"ך - ששה חדשים שבין נערות לבגרות.

Les vingt-deux lettres construisent le *Partsouf* et ensuite vont au *Yessod*. Pour la construction de *Noukvah*, vingt deux lettres lui sont données par *Z'A* ; une fois qu'ils la construisent, ils finissent dans son *Yessod* et font un *Kéli*. Les cinq lettres finales ; מנצפך, sont ses cinq *Guevourot*, et aussi les *Mayim Noukvin*. Après la *Nessirah*, lorsque *Abah* et *Imah* l'ont

---

214. *Mayim Noukvin*.
215. Un de *Z'A* et un de *Imah*.
216. Comme une seule lettre ayant la forme de *Dalet* (ד).

construite, vingt-deux lettres ainsi que מנצפך et *Mayim Noukvin* lui sont données par eux[217].

Les vingt deux lettres données par *Z'A*, forment un axe ayant la forme de deux ו et un י tel un ד[218], et pareillement, de *Abah* et *Imah*, les deux ד se complémentent et font un ם, qui a la forme d'un *Kéli*. Avec cela en place, *Z'oN* sont maintenant prêts pour la direction du monde.

f) Il y a un rideau qui sépare un monde de l'autre; de ce rideau, sortent les dix *Sephirot* du monde inférieur, à partir des dix *Sephirot* du monde supérieur. Tous les mondes sont égaux[219], mais la quintessence du plus haut est supérieure.	ו. ופרגוד בין עולם לעולם, שממנו יוצאין עשר ספירות של תחתון מעשר ספירותיו של עליון. כל העולמות שווים, אלא שכחם של עליונים יפה.
Beriah sortit[220]; les êtres séparés commencèrent[221]. Les *Nechamot* des *Tsadikim* procèdent de *Beriah*; en dessous de lui se trouve *Yetsirah*; de là sortent les anges, en-dessous de lui se trouve *'Assiah*; de là émerge le monde matériel.	יצתה בריאה, התחילו הנפרדים. נשמותיהם של צדיקים מבריאה, למטה ממנו יצירה, שמשם מלאכים. למטה ממנה עשיה, שמשם גשמים.

---

217. *Abah* et *Imah*.
218. *Guematria* des trois lettres = 22.
219. Tous contiennent dix *Sephirot* et cinq *Partsoufim*.
220. A partir du monde de *Atsilout*.
221. Vinrent à exister.

L'ensemble des mondes est de quatre ; sur eux les quatre lettres du Nom[222] *B'H*, y gouvernent. י dans *Atsilout* ; par lui tous les degrés réparés sont mis en ordre. ה descend de *Atsilout* vers *Beriah*, et le gouverne. ו sur *Yetsirah*, et ה sur *'Assiah*.

כללם של עולמות ד',
שבהם שולטים ד' אותיות של
השם ב"ה.
י' באצילות, שבו כל
מדרגותיו נסדרות בתיקונם.
וה' יורדת ממנו לבריאה,
ומנהיגתה; ו' ליצירה; ה'
לעשיה.

En parallèle (à ces quatre mondes), il existe dans ce monde ; דומם, (minéral), צומח (végétal), חי (animal), מדבר (l'homme), comme il est écrit :
« Tous se réclament de Mon Nom, tous pour Ma gloire, Je les ai créés, formés et faits. » (Isaïe, 43, 7).

כנגדם בעולם - דצח"ם.
וכן הוא אומר (ישעיה מג, ז):
"כל הנקרא בשמי ולכבודי
בראתיו יצרתיו אף עשיתיו".

Les lumières de *Malkhout* se heurtèrent entre elles, et formèrent un rideau entre *Atsilout* et *Beriah*. De là, d'autres *Partsoufim* similaires à ceux de *Atsilout*, se formèrent dans les mondes inférieurs, mais avec une moindre force, les lumières étant amoindries par le rideau.

A cause de cette diminution de l'intensité des lumières, l'existence pour les êtres séparés devint possible. Sous le rideau

---

222. יקוק.

de *Atsilout*; vient le monde de *Beriah* – le monde des *Nechamot*. Sous le rideau de *Beriah*; il y a le monde de *Yetsirah* – le monde des anges. Sous le rideau de *Yetsirah*; apparait le monde de *'Assiah* – le monde du matériel.

Atsilout est de l'aspect de *Abah*, *Beriah* de *Imah*, *Yetsirah* de *Z'A*, et *'Assiah* de *Noukvah*. En parallèle aux quatre mondes [*ABYA*], il y a quatre genres d'existence dans notre monde; le minéral correspondant à *'Assiah*, le végétal correspondant à *Yetsirah*, l'animal correspondant à *Beriah*, et l'homme correspondant à *Atsilout*.

ו

Sixième chapitre

Les *Zivougim* de *Ze'ir Anpin* et *Noukvah*

Introduction

P our que l'abondance descende dans le monde, il faut que *Ze'ir Anpin* s'unisse à *Noukvah*. Il ne peut avoir abondance que dans l'harmonie du masculin avec son féminin. A chaque jour; selon les actes de l'homme, des *Téfilot* de la semaine (*'Hol*), de Chabbat, ou jours de fêtes, et dépendament du temps; des configurations diverses permettent différents *Zivougim*, et donc des émanations d'abondance de variables intensités.

a) L'abondance du monde procède du *Zivoug* de *Z'oN*. Il y a cinq *Zivougim* : Israël et Ra'hel, Ya'akov et Ra'hel, Israël et Leah, Ya'akov et Leah du thorax vers l'amont, Ya'akov et Leah du thorax vers l'aval.

א. שפעו של עולם מזיווגם של זו״נ. ה׳ זיווגים הם. ישראל ורחל, יעקב ורחל, ישראל ולאה, יעקב ולאה מן החזה ולמעלה, יעקב ולאה אף מן החזה ולמטה.

Toute l'abondance qui descend dans le monde, provient des différents *Zivougim* de *Z'oN*, celui d'Israël et Ra'hel est du plus haut niveau. Israël représente la totalité de *Z'A*, et Ra'hel l'essentiel de *Noukvah*, l'abondance provenant de ce *Zivoug* est la plus importante. Les autres *Zivougim* de *Z'oN* se font en d'autres temps, sont de différents niveaux, et de moindre plénitude.

Chaque nouveau jour est d'une nouvelle émanation qui le gouverne. Chaque jour, il y a aussi de nouveaux *Zivougim* des différents aspects de *Z'oN*. Un jour complet est divisé en deux ; jour et nuit, chaque moitié est encore divisée en deux[223]. Pour chaque partie il y a une *Téfilah*, pour les deux parties du jour : *Cha'hrit* et *Min'ha*, pour les deux parties de la nuit : *'Arvit* et *Tikoun 'Hatsot*.

En général[224], les *Zivougim* se font comme suit :
A *Cha'hrit* – Ya'akov et Ra'hel
A *Min'ha* – Israël et Leah
A *'Arvit* – Ya'akov et Leah (du thorax vers l'amont)
A *Tikoun 'Hatzot* – Ya'akov et Leah (du thorax vers l'aval)

---

223. Aube et crépuscule.
224. Il y a certaines variations.

Le *Zivoug* d'Israël et Ra'hel est réalisé pendant la *Téfilah* de *Moussaf*, le Chabbat, et certains jours de fête, et en d'autres occasions spéciales.

b) *M'D*[225] et *M'N*[226], sont l'essentiel du *Zivoug*. *M'N* procède du féminin, et *M'D* du masculin. Il n'y a pas de *M'D* sans *M'N*, et pas de *M'N* sans désir, comme il est écrit : « Et ton désir sera vers ton mari. » (Berechit, 3, 16).	ב. מ״ד ומ״ן - זה גופו של זיווג. מ״ן מן הנקבה ומ״ד מן הזכר. אין מ״ד בלא מ״נ. ואין מ״ן בלא תשוקה. הוא שהכתוב אומר (בראשית ג, טז): ״ואל אישך תשוקתך״.

Le masculin correspond au *'Hessed* et *MaH*, le féminin à *Guevourah* et *BaN*. Tel qu'expliqué plus haut, le *Tikoun* n'est possible qu'avec le *Zivoug* [l'union] du masculin et du féminin. Pour qu'il puisse se faire, le *Zivoug* nécessite deux choses ; les *Partsoufim* doivent êtres construits, et le féminin doit susciter une réaction du masculin. Cette stimulation se fait lorsqu'elle fait monter ses *Mayim Noukvin* (de l'aspect de *BaN*), et ainsi provoque la descente des *Mayim Doukhrin* du masculin (de l'aspect de *MaH*).

Le masculin réagit, motivé par le féminin, qui elle est motivée par les actes des *Tsadikim*. Aussi, grâce aux *Tikounim* que réalisent les hommes par les *Téfilot*, et en accomplissant les Mitsvot, *Noukvah* fait monter ses *Mayim Noukvin* et en

---

225. *Mayim Doukhrin* (eaux masculines).
226. *Mayim Noukvin* (eaux féminines).

réponse ; les *Mayim Doukhrin* descendent pour la complétion du *Zivoug.*

c) [Dans le *Tikoun*] Nou-kvah inclue en elle ses rami-fications[227], et se pare de ses bijoux[229]. Tous les mondes ; *Beriah, Yetsirah* et *'Assiah* forment le *Tikoun*[229] de *Noukvah*. Elle motive *Z'A* pour s'attacher et s'unir à elle, par une première et une seconde union.	ג. נכללת נוקבא בענפיה, ומתקשטת בקישוטיה. כל העולמות בי״ע - תיקוניה של נוק'. מתעוררת לז״א להתחבר עמו, ומזדווג עמה - ביאה ראשונה וביאה שניה.

De *Noukvah* procèdent tous les mondes inférieurs – chacun selon sa propre fonction. Les anges [procédant de *Yetsirah*] accomplissent la volonté divine, et les *Nechamot* [procédant de *Beriah*] accomplissent le service divin par leur libre-arbitre. Quand tous ces mondes s'unissent à *Noukvah*, selon le mode idéal[230], elle est alors prête pour le *Zivoug*. Il s'agit ici du *Zivoug* ultime de la fin des temps, cependant, il y a un *Zivoug* de *Z'oN* tous les jours et qui n'intègre que partiellement les mondes de *Beriah, Yetsirah* et *'Assiah.*

d) Sur la première union il est dit :	ד. ביאה ראשונה - זהו שאמרו (סהנדרין כב:) :

---

227. Les mondes de *Beriah, Yetsirah* et *'Assiah.*
228. Les *Heikhalot.*
229. Elle n'est complète que lorsque ses branches se rattachent à elle.
230. Des *Heikhalot.*

« Une femme est un récipient non fini, et ne se lie par serment qu'avec celui qui la rend *Kéli* » (Sanhedrin 22.b).

Il [*Z'A*] insuffle alors un *Roua'h* en elle[231] ; ceci correspond à Benyamin – *BaN*, par lui[232], elle soulève ses enfants[233], ceux-ci correspondant aux *Nechamot* des *Tsadikim*. D'elle, [Noukvah] des lumières jaillissent pour la direction des mondes ; ce sont les lumières de *BaN*.

Toutes les ramifications de *BaN* dépendent d'elle [*Noukvah*] ; de ses 613 membres elle les attire[234] ; le renouveau [des lumières] provient du *E'S*, *B'H*, qui régénère [leurs forces] en eux [par une émanation spéciale] ; ceux-ci sont les *M'N*.

"האשה גולם היא ואינה כורתת ברית אלא למי שעשאה כלי".
נותן רוח בתוכה,
זה בנימין - ב"ן,
שבו מעלה בניה למעלה -
אלו נשמותיהן של צדיקים.
ואורות מאירים ממנה
להנהגתו של עולם,
אלו אורות של ב"ן.

כל תולדותיו של ב"ן תלוים בה, ומתרי"ג איבריה היא ממשיכתם, מחידושו של א"ס ב"ה שהוא מחדש בהם, אלו מ"ן.

---

231. *Noukvah*.
232. *BaN*.
233. Les *Nechamot* qui tombèrent lors de la brisure des *Kélim*.
234. Le renouveau des lumières de *BaN*.

Dans la seconde union ;
M'D descendent à leur
égard [de M'N], à partir du
Yessod masculin ; ceux-ci
correspondant aux lumières
de MaH, et toutes les ramifications de MaH dépen-
dent de lui [Z'A]. De ses
613 membres il les attire ; le
renouveau [des lumières]
provient du E'S, B'H, qui
régénère [leurs forces] en
eux [par une émanation
spéciale].

ביאה שניה -
יורדים כנגדן מ"ד מיסודו של
זכר;
אלו אורות של מ"ה,
וכל תולדותיו של מ"ה תלוים
בו.
מתרי"ג איבריו הוא ממשיכם,
מחידושו של א"ס שהוא
מחדש בהם.

Tout [M'N et M'D] descend
dans son Yessod [de Nou-
kvah], y reste pour le temps
de la gestation, sort et se[235]
partage dans tous les mondes.

יורד הכל ביסודה, ויושב שם
זמן עיבורו.
יוצא ומתחלק לכל העולמות.

La Noukvah ne peut recevoir de Z'A, avant qu'elle ne
devienne un Kéli – c'est là donc le but de la première union. Le
Kéli sera réalisé avec les deux ד qui font le ם, tel qu'expliqué
plus haut. Les Nechamot[236] d'Israël sont les M'N pour Z'oN,
ces derniers seront les M'N pour Abah et Imah. L'abondance
vient d'abord à Z'A, ensuite à Noukvah, et d'elle ; aux mondes
inférieurs.

---

235. L'abondance.

e) *MaH* et *BaN* sont le fondement de tous les créés[237]. Par eux[238], se manifestent les actions du *E'S, B'H* – l'Emanant[239], et de ceux qui reçoivent[240]. Ils[241] sont régénérés par le *Zivoug* de *Z'oN*, *MaH* procédant du masculin, et *BaN* du féminin.

ה. מ״ה וב״ן - בנינם של כל הנבראים.
שבהם נראים מעשיו של א״ס ב״ה במשפיע ומקבל,
מתחדשים בזיווגם של זו״נ. מ״ה מן הזכר, וב״ן מן הנקבה.

Il n'y a pas d'existence qui ne soit composée des aspects de *MaH* ou *BaN* : L'influx et le réceptacle, le masculin et le féminin, etc. Le *E'S B'H* influence lorsqu'il y a une sollicitation de celui qui veut recevoir, ce dernier correspondant à l'aspect de *BaN*. Cette influence est transmise par différents flux, de l'aspect de *MaH*. Ces flux sont ensuite retransmis par *Noukvah*, à la suite de son *Zivoug* avec *Z'A*. De *Z'A* provient le renouveau de *MaH*, de *Noukvah*; celui de *BaN*.

f) Il y a deux unions dans le *Zivoug* : Les baisers[242], et les

ו. ב׳ חיבורים לזיווג - נשיקין ויסודות.

---

236. Leurs actions et *Mitsvot*.
237. Tout est composé des deux.
238. *MaH* et *BaN*.
239. Ses émanations sont de l'aspect de *MaH*.
240. Les receveurs sont de l'aspect de *BaN*.
241. *MaH* et *BaN*.
242. Pour attacher l'intériorité du masculin avec celle du féminin.

Yessodot[243]. Les baisers sont par la tête ; leur *Zivoug* est double, le *Roua'h* du masculin est dans la bouche du féminin, et le *Roua'h* du féminin dans la bouche du masculin. Il y a donc deux *Rou'hot* unifiées en une. Le *Zivoug* des *Yessod*ot vient après l'union[244] [des baisers], ensuite le masculin influe sur le féminin, et le féminin sur le monde.

נשיקין בראש, זיווגם כפול – רווחו של זכר בפיה של נקֵבה ורווחה של נקבה בפיו של זכר.
נמצאו שתי רוחות מתחברים כאחד.
זיווגם של יסודות, אחר שנתחברו, משפיע הזכר לנקבה והנקבה לעולם.

Il y a deux étapes pour le *Zivoug*, la première est réalisée dans les têtes des *Partsoufim*, ceci est le baiser – le *Zivoug* des bouches ; à travers eux, les intériorités des deux *Partsoufim* s'attachent, cet attachement est ensuite étendu à tout le *Partsouf*. La seconde étape est le *Zivoug* des *Yessodot* ; par lequel le flux est répandu dans tous les mondes.

---

243. Pour attacher l'extériorité du masculin avec celle du féminin.
244. Des *Yessodot*.

—

ד

Septième chapitre

L'habillement des *Partsoufim* entre eux

Introduction

C hacun des mondes, *Atsilout*, *Beriah*, *Yetsirah* et *'Assiah*, comprend cinq principaux *Partsoufim*. Ces *Partsoufim* s'habillent l'un dans l'autre, afin d'investir un degré supérieur dans le *Partsouf* inférieur. Par exemple, selon la croissance et l'état de *Z'A*, ses *Mo'hin* peuvent provenir de *Partsoufim* en occurrence différents, soit de *Abah* et *Imah*, *ISOT* ou *ISOT 2*. Lorsque *Z'A* reçoit ses *Mo'hin* directement de *Abah* et *Imah*, ceci signifie qu'il a pleinement grandit, et peut maintenant influencer de toutes ses forces.

a) L'ensemble des *Partsoufim* est de douze[245], le reste[246], émane d'eux.
Arikh Anpin et sa *Noukvah*,
Abah et *Imah*,
les premiers *ISOT*[247],
les deuxièmes *ISOT*,
Israël et Ra'hel,
Ya'akov et Leah.
Ceux-ci s'habillant dans ceux-là[248].

א. כללם של פרצופים י"ב,
והשאר מתפשטים מהם:
א"א ונוקביה, או"א,
יסו"ת ראשונים, יסו"ת שניים,
ישראל ורחל, יעקב ולאה,
מתלבשים אלו בתוך אלו.

b) Le [*Partsouf* le] plus sublime parmi tous, est *Arikh Anpin* et sa *Noukvah*. Ils forment ensemble un unique *Partsouf*, le masculin à droite, le féminin à gauche.

ב. פנימים מכולם - א"א
ונוקביה, פרצוף אחד הם,
שהזכר בימין והנקבה
בשמאל.

Sur ses bras[249], se trouvent *Abah* et *Imah*, *Abah* à droite et *Imah* à gauche. Il y a trois parties dans le bras :

ועל זרועותיו -
אבא לימין אי' לשמאל.
ג' פרקין בזרוע:

---

245. A part le *Partsouf 'Atik Yomin*.
246. D'autres lumières qui ne sont pas des *Partsoufim* complets (voir chap. 7 - e).
247. *Israël Saba* et *Tévounah*.
248. Le *Partsouf* supérieur s'habillant dans celui qui lui est inférieur, afin de le diriger.
249. De *Arikh Anpin*.

La première [partie du bras de *Arikh*] correspond à *HBD* [de *Abah* et *Imah*], la deuxième à *HGT* [de *Abah* et *Imah*], la troisième à *NHY* [de *Abah* et *Imah*], leurs *Keter* [de *Abah* et *Imah*], sont positionnés dans la gorge [*Binah* de *Arikh Anpin*], et ils[250] s'étendent jusqu'à son nombril[251]. Son corps[252] est donc recouvert par eux [*Abah* et *Imah*] jusqu'au nombril; une moitié par *Abah*, et l'autre par *Imah*.

הראשון בחב"ד, השני בחג"ת, השלישי בנה"י. וכתרם בגרונו. ומגיעים עד טבורו. נמצא גופו עד הטבור מכוסה תחתיהן, חציו מאבא וחציו מאימא.

c) *ISOT* [se trouvent] à partir des thorax de *Abah* et *Imah*, et s'épanchent vers le bas. Leurs *Keter* sont dans les thorax [de *Abah* et *Imah*], le reste de leurs corps [de *ISOT*], sont dans les parties de *NHY* [de *Abah* et *Imah*].

ג. יסו"ת מחזיהם של או"א ולמטה. כתרם בחזה, ושאר כל גופם בפרקיהם של נה"י.

---

250. *Abah* et *Imah*.
251. De *Arikh Anpin* (Jusqu'au deuxième tiers de *Tifeéret* – nombril).
252. De *Arikh Anpin*.

De leur thorax [de *ISOT*], *ISOT* 2 suit dans le même arrangement. *Abah* et *Imah* s'épanchent jusqu'au thorax[253] de *Arikh Anpin*, et *ISOT* jusqu'à son nombril [de *Arikh Anpin*].

מחזה שלהם יסו"ת שניים כסדר הזה.
נמצאו:
או"א כלים בחזה של א"א,
ויסו"ת בטבורו.

Quand ils [*NHY* de *ISOT*] rentrent dans *Z'A*, ils déploient leurs jambes [*NHY*] dans son intérieur, et arrivent avec lui jusqu'à l'extrémité [inférieure] du monde [de *Atsilout*].

כשבאים בז"א - מתארכים רגליהם בתוכו.
ומגיעים עמו עד סוף העולם.

Un *Partsouf* est composé d'une *Sephira*, ou de plusieurs *Sephirot* agissant ensemble. Un *Partsouf* est toujours en interaction avec les autres *Partsoufim*. Parfois une *Sephira* agit individuellement, faisant partie des dix *Sephirot* d'un 'Olam, parfois elle agit seule ou avec d'autres, en tant que *Partsouf*. Chaque *Sephira* se subdivise en dix *Sephirot*, tel que pour *Keter* il y a : *Keter* de *Keter*, *'Hokhma* de *Keter* et ainsi de suite jusqu'à *Malkhout* de *Keter*. Chacune de ces *Sephirot* est à son tour une configuration de dix *Sephirot* tel que : *Keter* de *Keter* de *Keter*, *'Hokhma* de *Keter* de *Keter*, qui eux se divisent encore en dix. Un *Partsouf* est donc composé de dix *Sephirot*, qui contiennent chacune un nombre déterminé de *Sephirot*.

---

253. Jusqu'au premier tiers de *Tifeéret* et non le deuxième comme plus haut, car de nouveaux *NHY* sont réalisés pour eux, lorsque les premiers *NHY* deviennent les *Mo'hin* de *Z'A*.

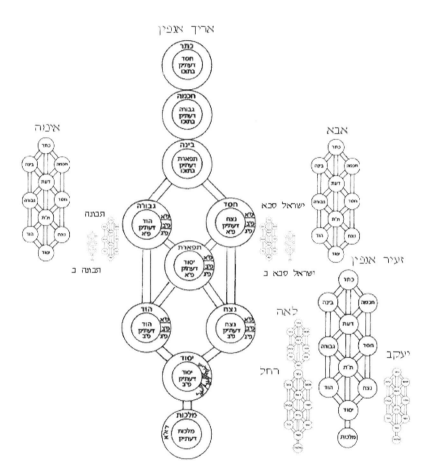

Il y a cinq *Partsoufim* principaux :

- *Arikh Anpin*

- *Abah*

- *Imah*

- *Ze'ir Anpin*

- *Noukvah*

Et un au-dessus d'eux ; *'Atik* Yomin [habillé dans *Arikh Anpin*].

A partir de ces cinq *Partsoufim*, émergent sept autres. Ils émanent des dix *Sephirot*, comme suit :

De *Keter* :	– *'Atik Yomin* et sa *Noukvah*
	– *Arikh Anpin* et sa *Noukvah*
De *'Hokhma* :	– *Abah*
	– De *Malkhout* de *Abah* - **Israël Saba**
	– De *Malkhout* d'*Israël Saba* - **Israël Saba 2**
De *Binah* :	– *Imah*
	– De *Malkhout* de *Imah* -***Tévounah***
	– De *Malkhout* de *Tévounah* – ***Tévounah* 2**

Israël Saba et *Tévounah* sont aussi appelés par leurs initiales : *ISOT* ou *ISOT* 2.

De *'Hessed, Guevourah*, Tifeéret, *Netsa'h*, Hod et *Yessod* :	
	– *Ze'ir Anpin* aussi appelé ; **Israël**
	– De *Ze'ir Anpin* – **Ya'akov**
De *Malkhout* :	– **Noukvah**, divisée en deux *Partsoufim* :
	Ra'hel et Leah

Chacun des *Partsoufim* s'habille l'un dans l'autre ; le plus haut dans le plus bas. Nous verrons ici l'emplacement des *Partsoufim* dans *Atsilout* ; leurs positions et leurs interactions sont similaires dans les mondes de *Beriah, Yetsirah* et *'Assiah.*

Les $G'aR^{254}$ de *'Atik* Yomin[255] sont dans le monde supérieur [au dessus de *Atsilout*], ses $Z'aT^{256}$ sont à l'intérieur des *Sephirot* de *Arikh Anpin. Arikh Anpin* s'épanche sur toute la longueur de *Atsilout.*

Abah et *Imah* habillent les bras droit et gauche de *Arikh Anpin*, leurs *Keter* atteignent sa $Binah^{257}$, et leurs *Malkhout* son $Tifeéret^{258}$. *ISOT* habillent NHY^{259} de *Abah* et *Imah*, *ISOT* 2 habillent *NHY* de *ISOT.*

Tifeéret et *NHY* de *Israël Saba* 2, habillent l'intérieur de *Tifeéret* et *NHY* de *Tévounah* 2, et ensuite dans *Z'A.*

Tifeéret dans $Keter^{260}$, la première partie de *NHY* de *ISOT* 2 dans *'Hokhma, Binah* et $Da'at^{261}$, la deuxième partie de *NHY* dans *'Hessed, Guevourah* et $Tifeéret^{262}$, la troisième partie de *NHY* dans *Netsa'h, Hod* et $Yessod^{263}$.

---

254. Les trois premières *Sephirot.* Le *G'aR* de *'Atik* est aussi appelé ; « *Radl'a* » (la tête inconnue).

255. *'Atik Yomin* est la *Malkhout* du monde au-dessus.

256. Les sept *Sephirot* inférieures.

257. *Arikh Anpin* est différent des autres *Partsoufim*, sa *Binah* est au-dessous de *Keter* et *Hokhmah. KHB* sont donc disposés en une ligne droite.

258. Jusqu'à la deuxième partie de *Tifeéret*, qui est divisée en trois.

259. *Netsa'h, Hod* et *Yessod.* Plus exactement. de la fin de la première partie de *Tifeéret* et *NHY.*

260. De *Z'A.*

261. De *Z'A.*

262. De *Z'A.*

263. De *Z'A.*

Le *Yessod* masculin de *Israël Saba*, est plus long que le *Yessod* féminin de *Tévounah*, il descend plus bas que ce dernier, et s'arrête à *Tifeéret* dc *Z'A*.

Dépendamment de sa croissance, *Z'A* habille *NHY* de *ISOT2*, *NHY* de *ISOT*, ou *NHY* de *Abah* et *Imah*. Quand les *NHY* du *Partsouf* supérieur s'habillent dans le *Partsouf* inférieur, le *Partsouf* supérieur reçoit de nouveaux *NHY*, afin qu'il soit complet. Les nouveaux *NHY* qui sont donnés à *ISOT*, entourent la tête de *Z'A*, et s'étendent à l'extérieur de son dos jusqu'à son *Tifeéret*, selon une forme semblable à un ל.

d) *Z'A* [commence à partir] des thorax de *ISOT*, et plus bas. Ils[264] s'habillent l'un dans l'autre, et dans lui [*Z'A*].	ד. ז"א מחזיהם של יסו"ת ולמטה, מתלבשים זה בזה, ומתלבשים בתוכו.
Ra'hel [commence à partir] de son thorax [à *Z'A*] et plus bas, elle est parfois dos à dos, et parfois face à face [avec *Z'A*]. Le *Yessod* des féminins est [long] d'une partie et demie, celui des masculins ; de deux parties.	ורחל מחזה שלו ולמטה, פעמים אב"א ופעמים פב"פ. יסוד של נקבות פרק וחצי, ושל זכרים שני פרקים.
Le *Yessod* de *Abah* sort[265] donc du *Yessod* de *Imah*, à	נמצא יסודו של אבא יוצא מיסוד א'

---

264. *Israël Saba* dans *Tévounah*.
265. Dépasse.

l'intérieur de *Z'A*, du thorax[266] jusqu'au *Yessod* [de
Z'A].

C'est de lui [à partir d'une
illumination de *Yessod* de
Abah], que Ya'akov sort du
thorax de *Z'A* et plus bas, au
devant de lui. La face de *Z'A*
au dos de Ya'akov ; parfois
il [Ya'akov] vient à son côté,
sa face [de Ya'akov] devant
Ra'hel. Ceux-ci sont les arrières [*NHY*] de *Abah*, qui
font un *Partsouf [Ya'akov]*
avec la lumière de son Yes-
sod [de *Abah*].

Les arrières [*NHY*] de
Imah, [se prolongent] du
thorax de *Z'A* en amont, et
font un *Partsouf* avec la
lumière de son *Yessod* [de
Imah] ; il s'agit de Leah,
[elle commence à partir] de
Da'at jusqu'au thorax [de
Z'A], [elle se trouve] à l'arrière de *Z'A*, sa face [de
Leah] est orientée vers son
dos [de *Z'A*].

בתוכו של ז"א מן החזה עד
היסוד,

שממנו יוצא יעקב מחזהו של
ז"א ולמטה לפניו,
פני ז"א באחוריו של יעקב;
ופעמים שהוא בא לצדו, פניו
בפני רחל.
אלו אחוריים של אבא
שנעשים פרצוף באור יסודו.

אחוריים של אי' מן החזה של
ז"א ולמעלה
נעשים פרצוף באור יסודה -
זו לאה, מן הדעת עד החזה,
מאחוריו של ז"א, פניה
באחוריו.

---

266. *Tifeéret* de *Z'A*.

D'une émanation du *Yessod* masculin de *Israël Saba* à l'intérieur de *Z'A* ; sort Ya'akov. Son *Keter* [de Ya'akov] est au niveau de *Tifeéret*, et il [Ya'akov] descend jusqu'à *Malkhout* de *Z'A*.

D'une émanation de *Yessod* de *Tévounah* à l'intérieur de *Z'A* ; sort Leah. Son *Keter*[267] se situe au niveau de son *Da'at*[268], et elle[269] s'étend vers le bas jusqu'à son *Tifeéret*[270]. De la même émanation, Ra'hel émerge, son *Keter* se situe au niveau de *Tifeéret*[271], et sa *Malkhout* au niveau de celle de Ya'akov.

Il y a une notion de proximité et d'interaction, dépendamment de la position des *Partsoufim*, soit que les *Partsoufim* se trouvent face à face ou dos à dos. En somme, il existe trois possibilités : Face à face, face à dos, et dos à dos. Le face à face correspond au niveau idéal, se traduisant par l'abondance et la bénédiction, le dos à dos correspondant quant à lui, au niveau de la dissimulation et des rigueurs.

Parfois, Ra'hel se trouve dos à dos avec *Z'A*, de son thorax et plus bas, et Ya'akov donne son dos à la face de *Z'A*. Parfois Ra'hel sera face à face avec *Z'A*, qui se trouve au milieu, ayant Ra'hel et Ya'akov sur ses cotés – les trois se regardant. Parfois Leah est face à dos avec *Z'A* et quand Ra'hel se trouve là aussi, les jambes de Leah reposent sur sa tête[272]. Quand Ra'hel est prête pour le *Zivoug*, elle vient face à face avec *Z'A*, et prend ainsi la place de Ya'akov, qui lui prend celle de Essav. Il y a plusieurs autres possibilités d'interrelations de ces *Partsoufim*, chacune provoquant des effets et une influence particulière.

---

267. De Leah.
268. De *Z'A*.
269. Leah.
270. De *Z'A*.
271. De *Z'A*.
272. De Ra'hel.

La direction du monde dépend donc des différents positionnements et interactions, de ces *Partsoufim* masculins et feminins entre eux, ces derniers ayant un effet direct sur les mesures et équilibres des facteurs de bonté, rigueur et miséricorde.

e) A l'arrière de Ya'akov, entre lui et *Z'A*, se trouve Leah *D'hM*[273] [דור המדבר], qui est sa *Noukvah*.	ה. מאחוריו של יעקב בינו ובין ז"א - לאה דור המדבר, נוק' שלו.
Des deux côtés de *Z'A*, [il y a] deux lumières en diagonal : Les Nuées Majestueuses à sa droite, et la Manne à sa gauche.	מב' צדדיו של ז"א שני אורות באלכסון - עני כבוד לימינו, ומן לשמאלו.
Des deux côtés de Leah *D'hM*, [il y a] deux lumières : Le Sceptre de *Elokim*, et le Sceptre de Moché.	מב' צדדיה של לאה דור המדבר - שני אורות: מטה האלהים, ומטה משה.
Des deux côtés de Ya'akov, [il y a] deux lumières : *Erev Rav*[274] à sa droite, et Essav à sa gauche. Trois lignes de trois et trois. Quand Ra'hel est dos à dos ; ils se tiennent de cette façon[275].	ומב' צדדיו של יעקב - שני אורות: ערב רב לימינו, ועשו לשמאלו. נמצאו ג' שורות של ג' ג'. כשרחל אב"א עומדים כסדר הזה.

273. *Partsouf* Leah.
274. Les nations qui se mélangèrent au peuple d'Israël, lors de la sortie d'Egypte.
275. Tel que décrit plus haut.

Ces autres lumières ou *Partsoufim* qui sont décrits ici, ne sont pas considérés comme des *Partsoufim* complets, leurs effets sont prédestinés à des périodes bien précises dans l'histoire.

f) [Il y a] Dix huit [aspects de] Leah, elles proviennent des *Malkhout* de *Abah* et *Imah*. Comment?
Malkhout de *Abah* est à sa place[276], et *Malkhout* de *Imah* est à l'extérieur d'elle[277]; cette situation a engendré deux [aspects de Leah].
Malkhout de *Abah* jaillit de *Malkhout* de *Imah*, et éclaire à l'extérieur d'elle; cela a engendré trois [aspects de Leah].
Malkhout de *Imah* jaillit vers l'extérieur et sort; elle jaillit du corps de *Z'A*, et éclaire en dehors de lui; cela a engendré quatre [aspects de Leah].

ו. י"ח לאה הם ממלכיותיהם של או"א.
כיצד?
מלכות אבא במקומה.
ומלכות אימא חוצה לה,
הרי ב'.
מלכותו של אבא בוקע
מלכותה של אי'
ומאירה חוצה לה,
הרי ג'.
מלכותה של אי' בוקעת
ויוצאה, בוקעת גופו של ז"א
ומאירה חוצה לו,
הרי ד'.

---

276. Dans *Malkhout* de *Imah*.
277. De *Malkhout* de *Abah*.

La plus importante parmi toutes [les Leah], est celle qui est à l'extérieur ; le reste[278], lui est subordonné.

עיקר שבכולם זו שבחוץ, והשאר טפלות לה.

g) Des quatre *Mo'hin* de croissance, et des quatre *Mo'hin* de l'enfance [de *Z'A*], cela fait huit [aspects de Leah, qui sortent des *Malkhout* de *Abah* et *Imah*, pendant l'enfance et la croissance de *Z'A*].
Ceux[279] de la croissance commencent à entrer, ceux de l'enfance n'ont pas finit de sortir ; cela fait huit [aspects de Leah] de plus.
Deux autres [aspects de Leah] s'ajoutent à eux, une de l'enfance et une de la croissance, à cause de la multiplication des lumières.
Celles-ci sont les dix huit épouses qui sont permises au roi.

ז. ד' מוחין דגדלות
וד' מוחין דקטנות,
הרי ח.
התחילו של גדלות ליכנס, ולא
גמרו של קטנות לצאת,
הרי ח' אחרות.
ושתים אחרות נוספות עליהם
א' מקטנות וא' מגדלות,
מפני ריבוים של אורות.
אלו י"ח נשים שהמלך מותר
בהם.

Leah possède des différents aspects ; en premier lieu, *Yessod* de *Abah* fait sortir une Leah, *Yessod* de *Imah* en fait sortir une aussi ; ensuite le *Yessod* de *Abah* jaillit du *Yessod* de *Imah*, et fait sortir une Leah en dehors, ceci est toujours à

---

278. Les autres aspects de Leah.

l'intérieur de *Z'A*. *Yessod* de *Imah* jaillit encore, mais cette fois-ci à l'extérieur de *Z'A*, et fait la Leah principale.

h) Au dessus de tous les *Partsoufim*, se trouve *'Atik*; c'est la *Malkhout* de *Adam Kadmon* qui devient *'Atik* dans *Atsilout*. Il en est ainsi dans *Beriah*, pour la *Malkhout* de *Atsilout*[280], ainsi que dans *Yetsirah*[281] et *'Assiah*[282].

ח. למעלה מן הפרצופים עתיק, זו מלכותו של א"ק שנעשית עתיק באצילות. כנגד זה בבריאה - ממלכותה של אצילות; וכן יצירה, וכן עשיה.

'Atik est masculin et féminin; son aspect masculin s'exprime par la face, et le féminin par le dos. Les [trois] premières [*Sephirot*] de *Noukvah* [de *'Atik*] se trouvent au-dessus de *Atsilout*; ceci est la *Radl'a*[283].
Les [sept] *Sephirot* inférieures[284] s'habillent dans *Arikh Anpin* :
'Hessed [de *'Atik*] dans *Keter* [de *Arikh Anpin*],
Guevourah dans *'Hokhma*,
Tifeéret dans *Binah*,

עתיק - דכר ונוקבא, זכר בפניו ונוק' באחוריו. ראשונות של נוק' למעלה מאצילות, זו רלד"א. תחתונות שבה מתלבשים בא"א: חסד בכתר, גבורה בחכמה, ת"ת בבינה,

279. Les *Mo'hin*.
280. Qui devient *'Atik* dans *Beriah*.
281. La *Malkhout* de *Beriah* devient *'Atik* de *Yetsirah*.
282. La *Malkhout* de *Yetsirah* devient *'Atik* de *'Assiah*.
283. La « tête inconnue ».
284. De *Noukvah* de *'Atik*.

les premières parties de *NHY* [de *'Atik*] dans *HGT*, les secondes [parties de *NHY*] dans *NHY*, les troisièmes [parties] de *Netsa'h* et *Hod*, et aussi *Malkhout* [de *'Atik*] dans *Malkhout* [de *Arikh Anpin*]. De là, ils sortent et éclairent dans tous les autres mondes.

פרקים ראשונים של נה"י
בחג"ת,
ושניים בנה"י,
ושלישיים שבנו"ה ומלכות
עמהם - במלכות.
יוצאים ומאירים בכל שאר
העולמות.

'Atik est supérieur à tous les *Partsoufim*. Il est réalisé par la *Malkhout* de *Adam Kadmon*, et possède dix *Sephirot*; sa face correspond à l'aspect masculin, et son dos au féminin (sa *Noukvah*). Son coté masculin n'est pas habillé dans *Atsilout*. Les trois premières *Sephirot* de sa *Noukvah* sont au-dessus de *Atsilout* et forment ensemble la רישה דלא אתידע – *Radl'a* (la tête inconnue).

Les sept *Sephirot* inférieures s'habillent à l'intérieur de *Arikh Anpin* de la façon suivante : *'Hessed* dans *Keter*, *Guevourah* dans *'Hokhma*, *Tifeéret* dans *Binah*, les premières parties de *NHY* dans *'Hessed*, *Guevourah* et *Tifeéret*, les parties du milieu de *NHY* dans *NHY*, les troisièmes parties de *NH*[285] et *Malkhout* de *'Atik*, dans *Malkhout* de *Arikh Anpin*.

Les trois autres mondes; *Beriah*, *Yetsirah* et *'Assiah* s'organisent de la même façon, la seule différence est que le *Partsouf* de *'Atik* de ces mondes, se construit à partir de la *Malkhout* du monde supérieur.

---

285. *Yessod* n'a que deux parties.

Huitième chapitre

Les *Tikounim* des *Partsoufim* et des mondes

Introduction

Les *Tikounim* des *Partsoufim* sont les actions et inter-relations des *Partsoufim* entre eux, ainsi que leur influence sur la direction des mondes. En premier lieu, viennent les *Tikounim* de *Arikh Anpin*, ensuite viennent ceux de *Ze'ir Anpin* et *Noukvah*. Ces *Tikounim* procèdent de la tête ainsi que de la face des *Partsoufim*. Chaque monde est composé de *Partsoufim*, *Levouchim* (habits des *Partsoufim*), de lumières encerclantes, et de *Heikhalot*.

a) [Il y a] Trois têtes dans Atika[286] [*Arikh Anpin*]: *Radl'a*, *Goulgolta*, et *Mo'ha*[287]. Deux qui font trois[288] : *Goulgolta*, *Avirah*, et *Mo'ha*; *Da'at* de *'Atik* est caché dans *Avirah*. Par elles[289], sont dirigés tous les mondes; par la bonté, la justice, et la miséricorde.

א. תלת רישין בעתיקא:
רישא דלא אתידע, גלגלתא,
ומוחא.
ב' נעשים ג': גלגלתא אוירא
ומוחא;
דעתו של עתיק גנוז באוירא.
באלו מתנהגים כל העולמות
בחסד בדין וברחמים.

Le mot « *Tikoun* » en hébreu a différentes significations; jusqu'à présent nous l'avons associé au sens de réparation ou rectification, mais il peut aussi être compris dans le sens de fonction, relation, ou action. Ici, le « *Tikoun* » est une description des actions, illuminations, et interrelations des *Sephirot* et des *Partsoufim*. En somme, le résultat de ces *Tikounim* donnera des illuminations de différente intensité, pour la direction des mondes.

Dans *Arikh Anpin* s'habillent les *Sephirot* inférieures de la *Noukvah* de *'Atik Yomin*. Les trois premières *Sephirot*; *Keter*, *'Hokhma* et *Binah* quant à eux, ne s'habillèrent pas dans *Arikh*, et restèrent au dessus de sa tête; ils (*KHB* de *Noukvah* de *'Atik*) forment ensemble la *Radl'a* – la tête inconnue; elle est appelée ainsi, car d'elle, nous n'avons aucune compréhension.

---

286. Dans les deux *Adarot* de Rabbi Chimon Bar Yo'hai, *Arikh Anpin* est appelé *'Atik*a.
287. Dans la première *Atsilout*.
288. Dans la deuxième *Atsilout*.
289. Les trois têtes.

Le premier *Tikoun* est celui des trois têtes de *Arikh Anpin* :
1- *Goulgolta* – *Keter* de *Arikh Anpin*
2- *Avirah* – dans l'espace entre *Keter* et *'Hokhma* de *Arikh Anpin*, se trouve *Da'at* de *'Atik*
3- *Mo'ha* – *'Hokhma* de *Arikh Anpin*

Ces trois têtes sont les racines des trois directions ; de bonté, de rigueur, et de miséricorde. Elles rayonnent de *Arikh Anpin* à *Abah* et *Imah*, et de là, aux *Mo'hin* de *Z'A*.

ב. פנימיותן של רישין - הוי"ה,
החצוניות - אהי"ה.
הראשונים דע"ב ואהי"ה שלו,
השניים דס"ג,
השלישיים דמ"ה.

b) L'intériorité des têtes[290] – הוי"ה, l'extériorité – אהי"ה. Les premières[291] [sont de l'aspect] de ע"ב et son אהי"ה, les secondes[292] [sont de l'aspect] de ס"ג, les troisièmes[293] [sont de l'aspect] de מ"ה.

פנימי ומקיף ומקיף דמקיף בכל אחת ואחת.

Il existe [trois degrés de lumières] : Intériorité, encerclant [*Makif*], et encerclant de l'encerclant [*Makif* de *Makif*], pour chacune [des têtes].

---

290. Est de l'aspect du nom de הוי"ה.
291. Les trois premières הוי"ה qui sont dans la première tête ; *Goulgolta – Keter*.
292. Les trois premières הוי"ה qui sont dans la deuxième tête ; *Avirah*.
293. Les trois premières הוי"ה qui sont dans la troisième tête ; *Mo'ha – 'Hokhma*.

Ils se différencient par leurs Nekoudot[294] :

Les premières lettres ont les voyelles telles que prononcées – intériorité

Le *Milouy* a les voyelles telles que prononcées – encerclant

Le *Milouy*[295] a *Kamatz* comme voyelle, et les premières lettres ont des voyelles telles que prononcées – encerclant de encerclant. Ceci est la première tête [*Goulgolta*].

במה הם מתפרשים?

- בניקודיהם.

מנוקד הפשוט בתנועותיו - זה פנימי;

מנוקד המלוי, כפשוטו - זה המקיף;

מנוקד המלוי כולו קמץ, והפשוט בתנועותיו -

זה מקיף דמקיף,

זה הראש הראשון.

Les premières lettres ont les voyelles telles que prononcées, *Segol* au lieu de Tséré.

Le *Milouy* a les voyelles telles que prononcées.

Le *Milouy* a *Kamatz* comme voyelle. Ceci est la deuxième tête [Avirah].

מנוקד הפשוט בתנועותיו, מקום צירי סגול;

מנוקד המלוי כפשוטו.

מנוקד המלוי כולו קמץ - זה הראש השני.

Les premières lettres ont les voyelles telles que prononcées, au lieu de *Tséré*, *Segol*

מנוקד הפשוט בתנועותיו, מקום צירי סגול ומקום קמץ פתח;

---

294. Voyelles.

295. Les lettres qu'on ajoute aux lettres du Tétagramme pour épeler chaque lettre individuellement.

et au lieu de *Kamatz, Pa-ta'h*. Le *Milouy* a les voyelles telles que prononcées. Le *Milouy* a *Pata'h* comme voyelle. Ceci est la troisième tête [*Mo'ha Stimaah*].	מנוקד המלוי כפשוטו; מנוקד המלוי כולו פתח - זה הראש השלישי.

Dans chacune des trois têtes, il y a intériorité et extériorité, comme dans toutes les lumières. Chacun de ces aspects[296] se subdivise en trois autres aspects : Intériorité, encerclant et encerclant, de l'encerclant.

Les noms de הוי"ה correspondent au niveau de l'intériorité, et ceux de אהי"ה; correspondent au niveau de l'extériorité. Dans chacune des têtes se trouvent trois הוי"ה et trois אהי"ה, chacune (des הוי"ה et אהי"ה) se distingue par les *Nekoudim* qu'elle reçoit.

c) [Il y a] Sept *Tikounim* de la tête [de *Arikh Anpin*], qui se révèlent à partir des sept [*Sephirot* inférieures] de 'Atik, leur acrostiche est : ג"ט קר"ע פ"ח De 'Hessed de 'Atik sera constitué – גולגלתא לבנה (*Goulgolta Lévanah*) de *Arikh*.	ג. שבעה תיקוני רישא משבעה של עתיק, סימנם: ג"ט קר"ע פ"ח. גלגלתא לבנה. מחסדו של עתיק.

---

296. Intériorité et extériorité.

De sa *Guevourah* sera constitué – טלא דבדולחא (*Tela Debadoul'ha*) de *Arikh*.

De sa *Tifeéret* sera constitué – קרומא דאוירא (*Kroma Deavira*) de *Arikh*.

De son *Yessod* sera constitué – רעוא דמצחא (*Ra'ava Demits'ha*) de *Arikh*.

Des premières parties de *Netsa'h* et *Hod* qui se trouvent plus haut que *Yessod*, sera constitué

– עמר נקי (*'Amer Naki*) de *Arikh*.

Des dernières parties[297], sera constitué

– פקיחו דעינין (*Péki'hou De'ainin*) de *Arikh*.

De *Malkhout* sera constitué

– חוטמא, (*'Hotma*)

Leah et Ra'hel – שני נחירים (*Chéné Ne'hirim*) de *Arikh*.

טלא דבדולחא - מגבורה
שלו.
קרומא דאוירא - מת"ת שלו.
רעוא דמצתא - מיסוד שלו.
עמר נקי - מראשותם של
נו"ה, שהם גבוהים מן היסוד.
פקיחו דעיינין - מסופם.
חוטמא - ממלכות.
ב' נחירים - לאה ורחל.

Le second *Tikoun* est de la tête de *Arikh Anpin*. Il se réalise par le passage des sept *Sephirot* inférieures de *'Atik*, dans la tête de *Arikh Anpin*, avant qu'elles ne s'habillent dans son corps.

---

297. De *Netsa'h* et *Hod*.

– Le premier *Tikoun* (*Goulgolta Lévanah*) – גולגלתא לבנה procède de 'Hessed de 'Atik; ceci est la racine de tous les 'Hassadim.

– Le deuxième *Tikoun* (*Tela Debadoul'ha*) – טלא דבדולחא procède de *Guevourah* de 'Atik, dans 'Hokhma Stimaah. Il est composé de bonté, et de rigueur; bonté, car il est du pilier droit, rigueur; à cause de *Guevourah* de 'Atik, qui est la racine de toutes les *Guevourot*.

– Le troisième *Tikoun* (*Kroma Deavirah*) – קרומא דאוירא procède de *Tifeéret* de 'Atik, il a deux actions : Envelopper la 'Hokhma Stimaah (de *Arikh*), pour que l'illumination de *Da'at* de Atik ne soit pas trop forte, et afin que l'illumination de 'Hokhma Stima, en descendant, ne soit pas trop puissante pour les êtres inférieurs, qui ne pourraient la contenir.

– Le quatrième *Tikoun* (*Ra'ava Demits'ha*) – רעוא דמצחא procède de *Yessod* de 'Atik; ses 'Hassadim brillent du front de *Arikh Anpin*. Quand il se révèle avec puissance, toutes les rigueurs sont annulées.

– Le cinquième *Tikoun* (*'Amer Naki*) – עמר נקי procède des premières parties de *Netsa'h* et *Hod* qui sont positionnées plus haut que *Yessod*; il donne la forme aux cheveux qui sortent de 'Hokhma Stimaah.

– Le sixième *Tikoun* (*Peki'hou De'ainin*) – פקיחו דעינין procède des parties de *Netsa'h* et *Hod* qui sont positionnées plus bas que *Yessod*; ce *Tikoun* est réalisé par les yeux, là où les 'Hassadim sont amplifiés; ils sont toujours ouverts afin d'influencer constamment.

– Le septième *Tikoun* (*'Hotma*) – חוטמא procède de *Malkhout* de 'Atik; telle que la *Malkhout* qui se partage en deux, il se divise en deux aussi; (*Chené Ne'hirim*) שני נחירים

(deux narines) correspondant aux deux parties de la *Noukvah* – Ra'hel et Leah.

d) Les [autres] *Tikounim* de *Arikh Anpin* : נימין[300], חיורתי[299], דיקנא[298] (*Dikna, 'Hivarti, Nimin*) [Il y a] Trois הוי"ה dans chaque tête [de *Arikh Anpin*], et une[301] les contenant toutes. Trois הוי"ה – [forment ensemble] douze lettres, et une[302] les contenant toutes – treize.

Treize חיורתי des trois [הוי"ה], dans *Keter,* leur place est entre les treize נימין – entre chaque נימא.

Treize נימין des trois [הוי"ה], dans *Avirah*.

Treize *Tikounim* de דיקנא des trois [הוי"ה], dans *'Hokhma*.

ד. תיקוניו של א"א:
נימין, חיורתי, ודיקנא.
שלש הויות בכל ראש
ואחת כוללת אותם.
שלש הויות י"ב אותיות,
ואחת שקוללתן, הרי י"ג.
י"ג חיורתי - משלש שבכתר,
מקומם בין י"ג נימין, בין
נימא לנימא.
י"ג נימין משלש שבאוירא.
י"ג תיקוני דיקנא משלש
שבחכמה.

Il y a d'autres *Tikounim* de *Arikh Anpin,* en plus des précédents :

---

298. La barbe.
299. Le blanc sur le crâne entre les cheuveux.
300. Les extrémités des cheveux de la tête.
301. Une הוי"ה de plus dans chaque tête, qui contient les trois autres.
302. La הוי"ה de plus est comptée comme une seule lettre.

De son *Keter* – חיורתי, ('*Hivarti*).

De *Avirah* (*Da'at* de *'Atik*, entre *Keter* et *'Hokhma*) - נימין, (*Nimin*).

De sa *'Hokhma* appelée *'Hokhma Stimaah* – דיקנא,

נימין (*Nimin*) et חיורתי ('*Hivarti*) sont appelés cheveux et *Dikna* (barbe), car ils s'expriment en canaux individuels.

Dans chaque tête il y a trois הוי״ה, chacune a quatre lettres ; ce qui fait en tout douze, et une הוי״ה les contenant toutes, mais qui compte comme une seule lettre ; cela fait treize.

De *Keter*, procèdent treize חיורתי, ce sont les parties blanches entre les cheveux. Elles sont quatre sur le côté droit, quatre sur le côté gauche, quatre en arrière, et une les contenant toutes. Les quatre en arrière sont celles qui s'épanchent vers la *Dikna* de *Z'A*.

De *Avirah*[303], procèdent treize נימין, pour répandre les lumières de *'Hokhma*. Les נימין sont en fait ses cheveux, et sont quatre sur le côté droit, quatre sur le côté gauche, quatre sur la nuque, et une au milieu de la tête les contenant tous. Ces cheveux sont blancs, même si tous les cheveux représentent la rigueur ; ici il n'y a point de rigueur. Ceci est la différence avec les cheveux de *Z'A*, qui sont noirs et entremêlés, alors qu'ici ils sont blancs et séparés.

Les cheveux contiennent les lumières de *'Hokhma Stimaah*, et s'épanchent vers le bas à partir de leur extrémité.

e) [Il y a] Treize *Tikounim* de דיקנא [de *Arikh Anpin*] : אל רחום וכו׳ מי אל כמוך נושא עון וכו׳.	ה. י״ג תיקוני דיקנא: אל רחום וכו׳; מי אל כמוך נושא עון וכו׳.

---

303. Dans d'autres écrits ; de *'Hokhma Stimaah*.

Premier *Tikoun* :
– Les deux *Peot*[304]

Second *Tikoun* :
– Les poils sur la lèvre supérieure.

Troisième *Tikoun* :
– L'espace vacant en dessous du nez.

Quatrième *Tikoun* :
– Les poils sur la lèvre inférieure.

Cinquième *Tikoun* :
– L'espace en dessous de la bouche.

Sixième *Tikoun* :
– La largeur de la barbe.

Septième *Tikoun* :
– Les deux cotés supérieurs des joues.

Huitième *Tikoun* :
– [La barbe sur] Le dessus du menton (*Mazal Notser*).

Neuvième *Tikoun* :
– Les poils entre le haut et le bas du menton.

Dixième *Tikoun* :
– Les poils sur la gorge.

Onzième *Tikoun* :
Ils sont tous égaux.

תיקון א׳ : ב׳ פאות.

תיקון ב׳: שערות שבשפה עליונה.

תיקון ג׳: אורח תחות חוטמא.

תיקון ד׳: שבשפה התחתונה.

תיקון ה׳: אורח תחות פומא.

תיקון ו׳: רחבה של זקן.

תיקון ז׳: שני תפוחים שנפנו.

תיקון ח׳: שטח עליון - מזל נוצר.

תיקון ט׳: שערות שבין מזל למזל.

תיקון י׳: שערות הגרון.

תיקון י״א: שכולם שוין.

---

304. Cheveux de chaque côté de la face.

Douzième *Tikoun* : – La bouche libre.	תיקון י"ב: פה פנוי.
Treizième *Tikoun* : – [La barbe en dessous] Le menton inférieur (*Mazal Nake*).	תיקון י"ג: שטח תחתון - מזל ונקה.
La longueur des *Mazalot* est jusqu'au nombril[305].	שיעורם של מזלות עד הטבור.

A part les cheveux qui sortent de la tête de *Arikh*, d'autres cheveux [lumières] sortent de son visage, à partir de la *'Hokhma Stimaah*, et s'épanchent vers le bas, ils se subdivisent en treize et sont appelés les treize *Tikounim* de *Dikna* de *Arikh Anpin*.

Les autres *Tikounim* sont les lumières nécessaires à la compréhension et l'abondance ; cependant la direction provient de la *Dikna*, c'est à travers elle que passe l'abondance. Les cheveux de la *Dikna* sont courts[306] et durs, étant de l'aspect de la rigueur. Ils sont aussi subdivisés en deux aspects : L'aspect masculin ; qui inclut les douze premiers *Tikounim*, et féminin ; qui représente le treizième *Tikoun*. Chacun de ces *Tikounim* a sa fonction particulière pour la direction générale.

C'est la *Dikna* qui révèle la direction de bonté, rigueur et miséricorde qui était dissimulée dans *'Hokhma Stimaah*, en la faisant descendre à *Z'A* [par les deux *Mazalot* - *Notser* et *Naké*].

---

305. Là où se trouve la tête de *Z'A*.
306. A l'exception des *Tikounim* 8 et 13 (les *Mazalot*) qui descendent jusqu'au nombril.

La *Dikna* aura une fonction suprême à la fin des temps ; celle de révéler le *Yi'houd* – la souveraineté divine.

f) Les *Tikounim* de *Z'A* : צל״מ צ – *Mo'hin* intérieurs, ל - מ, *Mo'hin* encerclants. Quand ils sortirent, ils étaient quatre[307] ; cela correspond au מ.	ו. תיקוניו של ז״א : צל״ם. צ' - מוחין פנימים, ל' מ' - מקיפין שבו. שבשעה שיצאו היו ד', זה מ' שלו.
[Ils deviennent] Trois[308] [lorsqu'ils] retournèrent au *Kéli* de *Imah* ; cela correspond au ל.	חזרו שלשה בכליה של אי׳, זה ל'.
Neuf[309] [*Mo'hin*] s'intègrent en lui ; cela correspond au צ. Lorsqu'ils sont quatre[310] [ils sortent à partir de] *KHBD* de *Imah*[311], lorsqu'ils sont trois [ils sortent à partir de] *HGT*[312], et lorsqu'ils sont neuf [ils procèdent de] *NHY*[313].	וט' נעשו בגופו, זה צ'. של ד' בכחב״ד דאימא, של ג' בחג״ת, של ט' בנה״י.

---

307. *'Hokhma* et *Binah*, *'Hassadim* et *Guevourot*.
308. *'Hokhma* et *Binah*, *'Hassadim* et *Guevourot* se réunirent en un.
309. Les *NHY* de *Tévounah* s'épanchent dans lui en neuf degrés.
310. L'empreinte des quatre premiers mohin.
311. Dans *Tévounah* 2, qui feront ses *Mo'hin* encerclants d'encerclants.
312. De *Tévounah* 2, qui feront ses *Mo'hin* encerclants.
313. De *Tévounah* 2, qui feront ses *Mo'hin* intérieurs.

Il y a deux *Tikounim* de *Z'A* ; le premier *Tikoun* est dans ses *Mo'hin* et est appelé son צלם. Ses *Mo'hin* sont prodigués par *Abah* et *Imah* ; dans un premier plan ils sont quatre : *'Hokhma, Binah, 'Hassadim* et *Guevourot*. En entrant dans leurs *NHY*[314], ils deviennent trois, car les *'Hassadim* et *Guevourot* se réunissent dans *Yessod*[315].

Après être entrés dans *Z'A*, *NHY* s'épanchent en lui en neuf degrés ; c'est le צ, *HGT* font ses premiers encerclants ; ceci est le ל, *KHBD* font ses deuxièmes encerclants ; ceci est le מ.

g) De *Z'A* procèdent les נימין[318] , חיורתי[317] , דיקנא[316] De *Arikh Anpin* – treize [*Tikounim*]. De *Z'A* sortent neuf [*Tikounim*], quand son *Tikoun* [de *Z'A*] est complet ; ils deviennent treize.	ז. נימין חיורתי ודיקנא בז"א. של א"א - י"ג. של ז"א - ט'. כשנשלם תיקונו נשלמים לי"ג.

Le second *Tikoun* de *Z'A* s'exprime par les lumières qui sortent de lui, tels que : Les cheveux sur la tête, et ceux sur la face. Ces *Tikounim* sont similaires à ceux de *Arikh Anpin*, mais avec quelques différences. De *Arikh Anpin* tous les cheveux sortent de *'Hokhma Stimaah*, alors que de *Z'A* ils sortent de son *HBD*. Les cheveux de *Z'A* sont noirs et

---

314. De *Abah* et *Imah*.
315. De *Abah* et *Imah*.
316. Barbe.
317. Les parties blanches entre les cheveux.
318. Les extrémités des cheveux de la tête.

entremêlés ; étant davantage de l'aspect de *Guevourah*, ceux de *Arikh Anpin* sont blancs, et expriment la bonté.

Les *Tikounim* de la *Dikna* de *Z'A* sont similaires à ceux de *Arikh Anpin*, même si on en compte seulement neuf. Cependant, grâce à une illumination de *Arikh Anpin*, ils deviennent treize, et agissent comme principe de clémence dans la direction de la justice.

h) Du front de *Z'A*, jaillissent, et sortent des quatre *Mo'hin*[319] – les quatre *Parachiot* des *Téfilin*. Leurs habillements sont leurs boîtes.	ח. במצחו של ז"א בוקעים ויוצאים מד' מוחין ד' פרשיות של תפילין, ומלבושיהם - בתים שלהם.
Ils sont dix *Sephirot*[320] : HBD dans les *Téfilin*[321], 'Hessed et Guevourah dans les lanières de la tête, Tifeéret dans le nœud en arrière ; de là sort Leah. Les deux lanières qui descendent : *Netsa'h* et *Hod* ; *Netsa'h* jusqu'au thorax, *Hod* jusqu'au nombril. Dans les *Téfilin* de *Imah* : *קדש, והיה כי יביאך, שמע, והיה אם שמוע.*	עשר ספירות הם: חב"ד בתפילין. חו"ג ברצועות של הראש. ת"ת בקשר מלאחריהם, שמשם יוצאת לאה; ב' רצועות יורדות - נו"ה, נצח עד החזה, והוד עד הטבור. תפילין מאימא: קדש, והיה כי יביאך, שמע, והיה אם שמוע.

---

319. *'Hokhma* et *Binah*, *Da'at* qui est divisé en deux ; *'Hassadim* et *Guevourot*.
320. Des *Mo'hin* encerclants représentés par les *Téfilin* de la tête.
321. De la tête.

Dans les *Téfilin* de *Abah* :	תפילין מאבא:
קדש, והיה כי יביאך, והיה אם שמוע, שמע.	קדש, והיה כי יביאך, והיה אם שמוע, שמע.

Deux autres lumières sortent de *Z'A* : Les *Téfilin*, et le *Talit*. Les *Téfilin* sont les lumières des *Mo'hin* qui jaillissent de l'intérieur de lui, à travers son front. Quatre[322] qui devinrent trois en lui, redeviennent quatre encore, ceux-ci sont les quatre *Parachiot*. Chacune des quatre lumières fait jaillir aussi un *Levouch* (habit) – ceux-ci sont les compartiments, ou les boîtiers des *Parachiot*.

Les *Mo'hin* comprennent dix *Sephirot*, et ainsi dix lumières jaillissent. Puisqu'il existe des *Mo'hin* de *Abah* et des *Mo'hin* de *Imah* ; il y a donc deux sortes de *Téfilin* :
Téfilin de *Imah* – Rachi,
Téfilin de *Abah* – Rabenou Tam.

La différence dans les deux *Téfilin* se trouve dans la disposition des *Parachiot* :

Téfilin de Rachi :
1 – *'Hokhma* – קדש
2 – *Binah* – והיה כי יביאך
3 – *'Hassadim* – שמע
4 – *Guevourot* – והיה אם שמוע

Téfilin de Rabenou Tam :
1 – *'Hokhma* – קדש
2 – *Binah* – והיה כי יביאך
3 – *Guevourot* – והיה אם שמוע
4 – *'Hassadim* – שמע

---

322. Les *'Hassadim* et *Guevourot* se rejoignent dans *Yessod*.

i) Une lumière de *Imah* enve-loppe *Z'A* ; ceci est le *Talit* blanc. Les cheveux de *Z'A* apparaissent après sa crois-sance, au moment où rayon-nait sur lui *Imah*, et que les nouveaux *NHY* [de *Imah*] s'épanchent à son arrière[323] et atteignent son thorax[324]. [Ces lumières] sont[325] encer-clantes pour *Z'A*, et encer-clantes sur la tête de *Noukvah*.

Encerclant de *Z'A* – son *Talit*, encerclant de Nouk-vah – ses *Tsitsit*.

ט. ואור מאימא מקיפו לז"א, זהו טלית לבנה - שערות של ז"א, אחר גדלותו ששרתה עליו אימא, והגיעו נה"י שלה חדשים מאחוריו עד החזה, מקיף לז"א ומקיף על ראש נוקבא.

מקיפו של ז"א - טלית, מקיפה של נוקבא - ציצית שבו.

Quand *Z'A* est dans l'état de croissance, les *NHY* de *Imah* descendent vers son arrière. Cela permet aux cheveux de *Z'A* de sortir de sa tête, et de descendre en aval.

Lorsqu'ils sont au niveau de son thorax ; ceci est le *Talit*. Au niveau de Ra'hel ; ceux-ci sont les *Tsitsit*.

j) Les *Tikounim* de Nou-kvah[326] sont : – quinze נימין sur sa tête[327],

י. תיקוניה של נוק' - ט"ו נימין בראשה,

---

323. De *Z'A*.
324. De *Z'A*.
325. Ses cheveux.
326. Ra'hel.
327. De là sortent ses cheveux.

leur couleur est pourpre. Six *Tikounim* sur sa face, en regard des six *Tikounim* de la *Dikna* [de Z'A]. Lors-qu'ils sont complets ; ils atteignent neuf [*Tikounim*].

וצבעם ארגמ"ן.
וששה תיקונים בפניה מששה תיקוני דיקנא.
כשהם נשלמים נעשים ט'.

La *Noukvah* de *Z'A* est Ra'hel ; elle a aussi des cheveux sur sa tête, mais d'un nombre et ordre différents. Les six illuminations de sa face sont en parallèle à la *Dikna* de *Z'A*, mais elle n'a pas de cheveux sur sa face.

k) Ses *Téfilin* [de la tête de Ra'hel] sont sur le bras de Z'A, ils s'attachent sur sa gauche, comme il est dit : Place moi comme un sceau sur ton coeur, comme un sceau sur ton bras. » (Chir Hachirim, 8, 6).

יא. תפילין שלה - של יד לז"א, שהם נקשרים בשמאל שלו,
שנאמר (שיר השירים ח, ו):
"שימני כחותם על לבך כחותם על זרועך".

Ils [les *Mo'hin* de *Noukvah*] sont construits par *Netsa'h* et *Hod* de Z'A ; qui com-prennent[328] : 'Hokhma et Binah de Imah, et 'Hokhma et Binah de Abah[329].

ומנו"ה דז"א הם נעשים,
שבהם חו"ב מאימא וחו"ב מאבא.

---

328. *Netsa'h* et *Hod*.

329. *Abah* et *Imah* font les *Mo'hin* de 'Hokhma dans *Netsa'h* de Z'A, et les *Mo'hin* de Binah dans *Hod* de Z'A.

Ceux de *Abah* forment [les *Mo'hin* de] *'Hokhma* et *Binah* de *Noukvah*.

Ceux de *Imah* forment [ses *Mo'hin* de] *'Hassadim* et *Guevourot*, ils[330] se retrouvent dans une seule boîte[331], car *Netsa'h* et *Hod* forment deux parties d'un seul corps.

שׁל אבא נעשׂים לה לחו"ב,
ושׁל אימא נעשׂים לה לחו"ג,
נכללים בבית אחד, שׁנו"ה
פלגי גופא.

La *Noukvah* [Ra'hel] possède aussi une dimension de *Téfilin*, qui s'attache au bras gauche (*Guevourah*) de *Z'A*. Ainsi, la *Noukvah* possède quatre *Parachiot* dans ses *Téfilin* :

– *'Hokhma* et *Binah* à partir de *Netsa'h* et *Hod* de *Z'A*, découlant de *'Hokhma* et *Binah* de *Abah*.

– *'Hassadim* et *Guevourot* à partir de *'Hokhma* et *Binah* de *Imah*.

l) *Yessod* de *Abah* est prépondérant entre son *Netsa'h* et *Hod*, il intègre *Yessod* de *Imah*, et est prépondérant entre son *Netsa'h* et *Hod* [de *Imah*]. De ce fait, il possède quatre lumières en lui[332], par lesquelles jaillissent les *Téfilin* sur le front de Ya'akov[333].

יב. יסוד אבא מכריע בין נו"ה
שׁלו,
עומד ביסוד אימא ומכריע בין
נו"ה שׁלה;
נמצאו בו ד' אורות שׁמהם
תפילין במצחו שׁל יעקב.

---

330. Les quatre *Parachiot*.
331. Les *Téfilin* du bras.
332. *Yessod* de *Abah*.
333. *Téfilin* du bras de Rabenou Tam.

Celles-ci[334] et celles-ci[335] sortent de Ya'akov, et font les *Téfilin* sur son front. Elles retournent en arrière, et forment un nœud derrière lui. Elles retournent[336], et sortent [à travers eux] jusqu'à ce qu'elles sortent du front de Ra'hel, et font les *Téfilin* sur sa tête[337].

Celles [les lumières] de *Yessod* de *Abah* restent dans Ya'akov, celles de *Netsa'h* et Hod de *Z'A* restent pour Ra'hel ; elles retournent[338] en arrière et font un nœud dans son arrière [de Ra'hel]. Ceux[339] de Ra'hel :

קדש, והיה כי יביאך, שמע, והיה אם שמוע.

Ceux de Ya'akov : Les deux והיה, se suivent.

אלו ואלו יוצאים ביעקב ונעשים תפילין במצחו. חוזרים לאחוריהם וקושרים קשר מאחוריו. חוזרים ויוצאים, עד שיוצאים במצחה של רחל, נעשים תפילין בראשה.

של יסוד אבא נשארים ביעקב. של נו"ה דז"א נשארים לרחל. חוזרים לאחור וקושרים קשר באחוריה. של רחל: קדש, והיה כי יביאך, שמע, והיה אם שמוע. של יעקב: הויות להדדי.

---

334. Les quatre lumières dans *Yessod* de *Abah*.
335. Les lumières de *Netsa'h* et Hod de *Z'A*.
336. *Or 'Hozer* (lumières réfléchies).
337. La tête de Ra'hel correspondant au bras de *Z'A*.
338. Les lumières de *Netsa'h* et Hod de *Z'A*.
339. L'ordre des *Parachiot*.

Le *Yessod* de *Z'A* se trouve entre les épaules de Ra'hel; ceci est le ׳ (*Youd*) [nœud] des *Téfilin* [du bras]. Une lanière sort de lui[340], pour construire la *Noukvah*.

Trois tours sur le biceps – correspondant aux trois premières (*Sephirot*) [*G'aR* de *Noukvah*]

Sept sur l'avant bras – correspondant aux sept (*Sephirot*) inférieures [*Z'aT* de *Noukvah*].

Trois sur le doigt – correspondant aux *NHY* [de *Z'A*] dans son cerveau.

יסודו של ז"א בין כתפיה של רחל, זה יו"ד שבתפילין. ורצועה יוצאה ממנה לבנינה של נוק'.

ג' כריכות בקיבורת - ג"ר,

ז' בזרוע: ז"ת,

ג' באצבע. נה"י שבמוחיה.

Dans un premier temps, les quatre lumières qui sont dans *Yessod* de *Abah*, sortent avec les quatre lumières qui sont dans *Yessod* de *Imah*. Elles vont à Ya'akov; celles de *Abah* font ses *Mo'hin* – ses *Téfilin*, à partir de lui[341], celles de *Imah* vont à Ra'hel, qui est derrière lui, pour devenir ses *Mo'hin* – ses *Téfilin*.

Ya'akov correspond aux *Téfilin* de Rabenou Tam, Ra'hel; aux *Téfilin* de Rachi. Dans les *Téfilin* du bras, l'ordre respectif des *Parachiot* est le même que celui de la tête, mais dans un seul parchemin. Le *Yessod* de *Z'A* fait le ׳ (*Youd*) sur les

340. Du *Youd*.
341. De Ya'akov.

Téfilin de Ra'hel, et de là [à partir du bras de *Z'A*] commence la construction de *Noukvah*.

m) Un monde est composé de *Adam* [*Partsouf*], de son habit, ses encerclants, et ses *Heikhalot*.

יג. כללו של עולם: אדם, ולבושו, מקיפיו, והיכלו.

Que signifie *Adam*[342] ? Il s'agit du *Tikoun* [la structure] de son *Partsouf* – 248 membres et 365 veines, *NRN* en lui, *'Haya* et *Ye'hida*, encerclants au-dessus de lui.

אדם כיצד? זה תיקונו של פרצופו. רמ"ח איברים ושס"ה גידים. נר"ן בתוכו, ח"י מקיפים עליו.

La lumière descendit pour entrer en lui[343] ; une partie entra, et une partie resta en dehors, le *Kéli*[344] ne pouvant entièrement la contenir, elle encercla son *Kéli* et encercla tout ce qui est en-dessous de lui[345] [Encerclantes linéaires].

ירד האור ליכנס בתוכו, חלק נכנס, וחלק נשאר בחוץ, שאין הכלי יכול להגבילו, מקיף לכליו, ומקיף לכל מה שתחתיו.

---

342. Le *Partsouf* est nommé ici *Adam* car, comme l'homme qui comprend 613 membres, le *Partsouf* comprend 613 lumières.

343. *Sephira* ou *Partsouf*.

344. De la *Sephira* ou du *Partsouf*.

345. Les *Sephirot* inférieures.

De ce qui entra [parmis les lumières], elles[346] retournèrent, sortirent en dehors et n'encerclèrent que leur *Kéli*[347] [Encerclantes réfléchies].

וממה שנכנס - חוזר ויוצא לחוץ ומקיף על כליו בלבד.

Il y a donc deux lumières encerclantes :
Linéaires [de l'aspect de *Ye'hida*], et réfléchies [de l'aspect de *'Haya*].

אלו שני מקיפים: ישר וחוזר.

Jusqu'ici nous avons vu les *Tikounim* réalisés par les lumières à l'intérieur des *Partsoufim*, à présent, nous verrons les *Tikounim* ou actions des lumières, à l'extérieur du *Partsouf*, tels que ceux faits par son habit, ses lumières encerclantes, et les *Heikhalot*.

Chaque monde (*ABYA*) est construit de ces 4 aspects, soit : *Adam* (*Partsouf* fait à l'image de l'homme), Levouch (habit), *Makifim* (lumières encerclantes), et *Heikhalot*.

Un *Partsouf* comprend 613 principales forces ou lumières, qui rayonnent ensuite sur toute l'existence. Tel l'homme qui est à l'image des lumières supérieures, avec ses 248 membres et 365 veines. Cette structure est aussi similaire aux commandements de la Torah ; qui comprennent d'ailleurs 248 commandements positifs, et 365 négatifs.

---

346. Une partie des lumières.
347. De la *Sephira*.

Lorsque la lumière entra dans le *Kéli*, elle n'entra pas complètement. Le *Kéli* ne pouvant toute la contenir, une partie resta à l'extérieur de lui ; c'est l'encerclant. Aussi, une partie de la lumière qui était entrée, ressortit, et encercla le *Kéli*.

Il y a deux sortes d'encerclants : Linéaires et réfléchis. La lumière linéaire, qui n'entra pas dans le *Kéli*, encercle la *Sephira* et toutes celles qui sont en-dessous d'elle. La lumière réfléchie (celle qui était entrée et sortie), n'encercle que sa *Sephira*. Chaque *Sephira* a donc une lumière intérieure, et deux lumières encerclantes.

n) Son *Levouch* [de *Z'oN*] comment [est-il réalisé] ? De la frappe des lumières [intérieures du *Partsouf*] entre elles, un habit fut réalisé, et les enveloppe[348] à l'extérieur[349].

יב. לבושו כיצד?
מהכאותיהם של אורות נעשה
לבוש עליהם מבחוץ.

Il y a *'Hachmal*[350] de *Imah* pour *Z'oN*; car lorsque ses *NHY* [de *Imah*] entrèrent en lui [*Z'A*], sa peau, sa chair, ses os et ses veines [de *Imah*], s'inclurent dans les siens

וחשמ"ל יש לזו"ן מאימא,
שבשעה שנכנסו נה"י שלה
בתוכו - עור ובשר ועצמות
וגידין נכללו שלה בשלו,

---

348. Pour chaque *Partsouf.*
349. Du *Partsouf.*
350. Nom pour cet habit, sa *Guematria* est égale à *Levouch.*

[de *Z'A*]; à l'exception [d'une partie] de la peau [de *Imah*], qui est en surplus à l'extérieur de la sienne [de *Z'A*], et qui le couvre; à cause des yeux des forces négatives[351].

חוץ מן העור שנמצא עודף על שלו מבחוץ, ומכסה עליו מפני עיניהם של חיצונים.

Le *Levouch* est réalisé à partir de la frappe de toutes les lumières intérieures d'un *Partsouf*, et est appelé l'extérieur du *Partsouf*.

La différence entre l'encerclant et le *Levouch* est que l'encerclant maintient le *Kéli*, alors que le *Levouch* est comme un rideau qui le protége des lumières des forces du mal[352].

Un Levouch supplémentaire est fait pour *Z'oN*, des extérieurs de *NHY* [de *Tévounah*] de *Imah*. Dans *NHY* il y a trois aspects de *Kélim*; Chair, os, et veines, et un aspect de *Kéli* de *Malkhout*[353]; qui est la peau en surplus de *Imah*. Ce dernier aspect ne s'habille pas dans *Z'A*, mais reste à l'extérieur pour l'habiller.

Ce *Levouch* de *Z'oN* [*'Hachmal*] l'habille jusqu'en bas, et fait le rideau entre *Atsilout* et *Beriah*.

o) Les *Heikhalot* au *Part-souf*, correspondent à une maison chez l'homme.

טו. היכלות לפרצוף כבתים לאדם.

---

351. Force extérieure – *Sitra A'hra*.
352. De la *Sitra A'hra*.
353. De *Imah*.

Les *Malkhout*[354] des *Sephirot* sont en fait, leurs extériorités[355] – il s'agit des *Heikhalot*; à l'intérieur se trouve l'image de l'homme – l'intériorité [les neuf *Sephirot* supérieures].

מלכויותיהם של ספירות
חיצוניות שלהם,
אלו ההיכלות.
ודמות אדם - פנימיות בתוכם.

Hormis cette subdivision d'intériorité et d'extériorité, il existe d'autres aspects d'intériorité et extériorité. Cependant, telle est la structure dans chaque monde; les lumières se subdivisent en plusieurs plans.

לא שאין פנימיות וחיצוניות
אלא זה, אלא שזהו חילוקו
של עולם.
חוזרים ומתחלקים כל אחד
בשלו.

p) Il y a sept *Heikhalot* [dans *Beriah*] :
Première – לבנת הספיר
   (*Livnat Hassapir*)
Deuxième – עצם השמים
   ('*Etsem Hachamayim*)
Troisième – נוגה
   (*Nogah*)
Quatrième – זכות
   (*Zekhout*)

טז. ז' היכלות הם:

לבנת הספיר,
עצם השמים,

נוגה,

זכות,

---

354. Les *Malkhout* de chaque *Sephira*.
355. Des *Sephirot* ou *Partsoufim*.

Cinquième – אהבה
    (*Ahavah*)
Sixième – רצון
    (*Ratson*)
Septième – קדש קדשים
    (*Kodech Kodachim*)

אהבה,

רצון

קדש קדשים

[correspondant à :]
Premier *Heikhal*
– *Yessod* et *Malkhout*
Deuxième *Heikhal*
– *Hod*
Troisième *Heikhal*
– *Netsa'h*
Quatrième – *Heikhal*
– *Guevourah*
Cinquième *Heikhal*
– *'Hessed*
Sixième *Heikhal*
– *Tifeéret*
Septième *Heikhal*
– Trois premières [*Sephirot*]

היכל יסוד ומלכות: אחד.

היכל הוד - אחד.

היכל נצח - אחד.

היכל גבורה - אחד.

היכל חסד - אחד.

היכל תפארת - אחד.

היכל ג' ראשונות - אחד.

Celles ci sont les sept *Hei-khalot* dans *Beriah*, le *Ka-vod* [la gloire] du *Makom*[356]

אלו ז' היכלות שבבריאה,
שבהם כבודו של מקום
מתפשט בתוכם.

---

356. Gloire du כבוד – *Malkhout* de *Atsilout*.

s'épanche en eux. Chaque *Heikhal* possède un *Nefech* et un *Roua'h*, le *Kavod* est leur *Nechama* dans le septième *Heikhal*[357].	נפש ורוח לכל אחד, והכבוד נשמה להם בהיכל השביעי.
[Il existe] Trois fonctions [pour les *Heikhalot*] : – Les êtres séparés s'attachent à leurs racines. – Les *Tsadikim* se réjouissent de la présence divine. – Les Anges de service reçoivent à partir d'eux, leurs fonctions.	וג' דברים משמשים: נקשרים בהם התחתונים בשרשם, ונהנים הצדיקים מזיו השכינה, ומלאכי השרת מקבלים מהם פעולתם.

Dans chaque *Partsouf* il y a intériorité et extériorité, l'extériorité est toujours de l'aspect de *Malkhout*, et les *Heikhalot* sont des ramifications des *Malkhout* des *Partsoufim*. Les *Heikhalot* possèdent aussi un aspect d'intériorité, qui est le *Roua'h* en eux.

La *Noukvah* [*Chekhina*] étant la racine de tous les mondes inférieurs, ainsi que de tous les êtres séparés, ne peut être complétée sans eux. Il est donc nécessaire pour le *Tikoun* universel, que tous les êtres séparés s'incluent en elle. C'est là le rôle principal des *Heikhalot*, qui permettent l'attachement et l'adhésion de tous, selon des voies particulières, jusqu'au *Heikhal Kodech Hakodachim*.

Les *Nechamot* et les Anges ont leurs racines dans les *Heikhalot*, chacune dépendamment de son niveau respectif. Les *Heikhalot* expriment aussi les différents niveaux de transcendance des *Téfilot*, avant d'atteindre le *'Olam Atsilout* (*'Amidah*).

q) A la fin[358] de *Atsilout*, il existe un rideau, il est construit à partir des lumières de *Imah*.

יז. בסופו של אצילות - מסך, מאורה של אימא הוא נעשה.

[De ce rideau découle] *'Hachmal* qui descend et encercle en-dessous des jambes de *Z'oN*; les lumières de *Atsilout* passent à travers lui, et font *Beriah*. *Beriah* procède donc de *Imah*.

חשמ"ל יורד ומקיף מתחת רגליהם של זו"ן, ואורות של אצילות עוברים בו ועושים בריאה. נמצאה בריאה מסודה של אימא.

Entre là [*Beriah*] et *Yetsirah*, il y a deux rideaux : Un rideau de *Imah* à *Z'oN*, un rideau de *Z'A* à *Noukvah*. *Yetsirah* procède donc de *Z'A*.

ממנה ליצירה מסך על מסך: מסך מאימא לזו"ן, ומסך מז"א לנוק'. נמצאת יצירה מסודו של ז"א.

Entre là [*Yetsirah*] et, *'Assiah*, il y a un rideau disposé sur deux [rideaux], un rideau

ממנה לעשייה מסך של שנים: מסך מאי' לזו"ן,

---

358. Au-dessous.

de *Imah* à *Z'oN*, un rideau de *Z'A* à *Noukvah*, et un rideau de *Noukvah* au monde en dessous d'elle. *'Assiah* procède donc de *Noukvah*.	ומסך מז"א לנוקבא, מסך מנוק' לעולם שתחתיה. נמצאת עשייה מסודה של נוק'.

A la fin de *Atsilout*, un rideau apparaît à partir du frappement des lumières. En vertu de ce rideau, sortent les *Sephirot* du monde en-dessus, vers le monde en-dessous. *Beriah* correspond à *Imah*, *Yetsirah* à *Z'A*, et *'Assiah* à *Noukvah*.

r) Le nom de *Atsilout* est[359] *'AV*.	יח. שמו של אצילות - ע"ב.
SaG, *MaH* et *BaN* descendirent[360] dans *Beriah*, Yetsirah et *'Assiah*. Ils retournèrent et montèrent. *MaH* monta et habilla *SaG*, *BaN* monta et habilla *MaH*.	ירדו ס"ג מ"ה ב"ן לבי"ע. חזרו ועלו. עלה מ"ה והלביש על ס"ג, עלה ב"ן והלביש על מ"ה.
BaN est donc au-dessus de tous, ceci est le *Ma'aké* (מעקה)[361]; afin que les extrémités des lumière ne	נמצא ב"ן למעלה מכולן, זה מעקה, שלא יהיה סיומם של אורות כשהם למטה,

---

359. De l'aspect du nom de *'AV* dont le *Milouy* = 72.
360. Lors de la brisure des *Kélim*.
361. Parapet ou rampe.

soient découvertes quand elles sont en bas, et que les *Kélipot* ne s'attachent pas à elles. Comme il est dit :
« Tu établiras un parapet autour du toit, pour éviter que ta maison soit cause d'une mort si quelqu'un venait à en tomber. »
(Devarim, 22, 8).

ולא יהיו הקליפות אוחזות בהם, שנאמר (דברים כב, ח):
"ועשית מעקה לגגך ולא תשים דמים בביתך כי יפול הנופל ממנו".

Le monde de *Atsilout* est de l'aspect du nom de *'AV*, *Beriah* est de l'aspect de *SaG*, *Yetsirah* de l'aspect de *MaH*, et *'Assiah* de l'aspect de *BaN*.

Quand les *Kélim* se brisèrent, *SaG*, *MaH* et *BaN* descendirent dans les mondes inférieurs, *SaG* dans *Beriah*, *MaH* dans *Yetsirah*, et *BaN* dans *'Assiah*. Ils remontèrent ensuite pour être sous le rideau de *Atsilout*, et *BaN* fit au-dessus d'eux le מעקה (parapet), afin que les *Kélipot* ne s'attachent pas aux lumières supérieures.

s) Ceux ci sont les quatre mondes sur lesquels le Seigneur seul, règne sur toute Sa création. Le service divin des créatures est relatif à tous[362] [les quatre mondes].

יט. אלו ד' עולמות שבהם מולך אדון יחיד על מעשיו. עבודתם של תחתונים בכולם.

---

362. Pour faire le *Tikoun* de tous les mondes.

L'unicité [יקוק] du *Ein Sof B'H*, est souveraine dans tous [ces mondes], ainsi que le maître des prophètes proclame : « Ecoute Israël H' est notre D.ieu H' est Un » (Devarim, 10, 4).

ויחודו של א"ס ב"ה מתיחד בכולם. הוא שרבן של נביאים אומר (דברים י, ד): "שמע ישראל ה' אלהינו ה' אחד".

Le but du service divin des créatures, est d'aider à préparer les *Partsoufim Z'A* et *Noukvah* au *Zivoug*, et celà à partir de l'élévation et l'adhésion des mondes de *Beriah*, *Yetsirah*, et *'Assiah* dans les *Heikhalot* de *Noukvah* de *Atsilout*.

Neuvième chapitre

Les Anges, la *Sitra A'hra*

Introduction

L es *Sephirot* ont leur racine à partir de la *Kedoucha* du *Ein Sof*, B'H. Le mal, par contre, trouve sa racine à partir de l'absence, ou de la diminution de la *Kedoucha*. Cette autre entité, qui est appelée la *Sitra A'hra* – (l'autre côté ou la force négative), représente le monde opposé, avec ses quatre mondes, et ses Anges destructeurs.

a) Des *Sephirot*, procèdent trois ramifications : Les anges, la *Sitra A'hra*, (les êtres matériels) [et les *Nechamot*]. Un ange, pour chaque mission. Les *Sephirot* décrètent, les anges accomplissent, comme il est dit : « Bénissez l'Eternel, vous, Ses anges, héros puissants, qui exécutez Ses ordres, attentifs au son de Sa parole. » (Tehilim, 103, 20)

א. תולדותיהם של ספירות ג':
מלאכים, סטרא אחרא
(גשמים) [ונשמות].
לכל שליחות - מלאך.
הספירות גוזרות והמלאך
עושה,
שנאמר (תהלים קג, כ):
"ברכו ה' מלאכיו גבורי כח
עושי דברו לשמוע בקול
דברו".

A l'instar des aspects intérieurs et extérieurs des *Sephirot*, il existe un aspect général de l'intériorité qui est l'entité spirituelle, et un aspect général de l'extériorité qui est le matériel. Les trois mondes supérieurs ; *Atsilout*, *Beriah* et *Yetsirah*, sont intérieurs au quatrième monde ; *'Assiah*.

Les âmes dérivent du monde de *Beriah*, les anges du monde de *Yetsirah*, les êtres matériels du monde de *'Assiah*.

Il y a une autre entité, qui est appelée la *Sitra A'hra* – (l'autre côté, ou les forces négatives), c'est le monde opposé à la sainteté, avec ses quatre mondes de *Atsilout*, *Beriah*, *Yetsirah*, et *'Assiah*. Ses anges destructeurs, selon leurs niveaux, proviennent de ses propres mondes de *Beriah*, *Yetsirah*, ou *'Assiah*.

b) La *Sitra A'hra*, d'ou procède t-elle[363] ? Comme il est dit :
« Je forme la lumière et crée les ténèbres, J'établis la paix et crée le mal. » (Isaïe, 45, 7).
Il forme la lumière – il s'agit de la droite ; Il crée l'obscurité – il s'agit de la gauche, Il fait la paix, ce sont les anges de paix, crée le mal ; il s'agit de *S'M*[364].

Les anges de paix forment dix groupes ; ils servent les dix *Sephirot* de droite.
Les anges de destruction forment dix niveaux ; ils servent les dix *Sephirot* du côté gauche[365]. A leur propos, il est écrit :
« Même ceci en regard de cela, D.ieu fit. » (Kohelet, 7, 14).

ב. ס״א כיצד -

זהו שנאמר (ישעיה מה, ז):

"יוצר אור ובורא חושך עושה שלום ובורא רע".

יוצר אור - זה הימין,

ובורא חושך - זהו בשמאל,

עושה שלום - אלו מלאכי שלום,

ובורא רע - זה סמ'.

מלאכי שלום - עשר כתות, משמשין לעשר ספירות של ימין.

מלאכי חבלה - עשר מדריגות, משמשין לעשר ספירות מצד שמאל.

עליהם הוא אומר (קהלת ז, יד):

"גם את זה לעומת זה עשה האלהים".

Les dix groupes d'Anges (positifs) se subdivisent comme suit : Trois groupes dans *Beriah*, six groupes dans *Yetsirah*, et un groupe dans *'Assiah*, les anges négatifs se subdivisent de la

---

363. Comment est elle faite.
364. Nom de l'ange destructeur : Samaël, ou *S'M*.
365. Du côté d'en bas.

même manière. Les anges positifs se partagent aussi selon quatre camps, à leur tête : Michaël, Gabriel, Ouriel, et Raphaël.

c) Quatre niveaux – quatre *Kélipot* (écorces); il s'agit des mondes de *S'M*; elles obstruent la lumière des *Sephirot*, et l'éloigne[366] [du monde]. A cause des [mauvaises] actions des êtres inférieurs[367], ces forces[368] surgissent, et font le mal dans le monde.

ג. ד' מדריגות - ד' קליפות,
עולמיו של סמ',
סותמים אורם של ספירות
ומסלקים אותו,
במעשה התחתונים באים,
ועושים רעה בעולם:

[Il existe quatre *Kélipot* :]
– נגה – (*Nogah*) – l'éclat.
– ענן גדול – (*'Anan Gadol*) – une nuée épaisse.
– אש מתלקחת – (*Eich Mitlakahat*) – un feu dévorant et
– רוח סערה – (*Roua'h Se'ara*) – un vent de tempête.

נוגה,
ענן גדול,
ואש מתלקחת,
ורוח סערה;

Ainsi qu'il est écrit dans Ezekhiel :

שכן מפורשים ע"י יחזקאל
(א, ד):

---

366. Eloigne l'homme.
367. Les hommes.
368. Les anges destructeurs.

« Or, je vis soudain un vent de tempête venant du Nord, un grand nuage et un feu tourbillonnant avec un rayonnement tout autour, et au centre du feu, quelque chose comme le 'Hachmal» (Ezechiel, 1, 4).	"וארא והנה רוח סערה באה מן־הצפון ענן גדול ואש מתלקחת ונגה לו סביב ומתוכה כעין החשמל מתוך האש".

Les *Sephirot* ont leur racine à partir de la *Kedoucha* du *Ein Sof*, *B'H*. La racine de la *Sitra A'hra* est dans le manque ou l'absence de la *Kedoucha*. Son existence est la volonté du Créateur, afin de donner à l'homme le libre arbitre. Au préalable elle[369] essaye de le séduire; pour ensuite le faire trébucher.

Quand les hommes font la volonté de leur Créateur, des forces positives atteignent les mondes supérieurs, et donnent une puissance aux *'Hassadim* pour répandre la bonté. Cependant, lorsqu'ils ne font pas sa volonté et pèchent, les forces négatives se renforcent, pour s'attacher à l'extériorité des *Sephirot*, elle se nourrissent de leurs lumières, et acquièrent encore plus de force pour agir négativement.

d) Quatre *Kélipot* – quatre mondes pour chacune. En eux [chaque monde], Il y a cinq *Partsoufim* en dix *Sephirot*.	ד. ד' קליפות - ד' עולמות לכל אחת, שבם ה' פרצופים בעשר ספירות.

---

369. La *Sitra A'hra*.

Les *Tikounim* des êtres inférieurs sont relatifs aux quatre mondes [supérieurs : *ABYA*], et leurs détériorations atteignent les quatre mondes [d'en bas]. Si les êtres inférieurs méritent, le Seigneur dirige avec miséricorde, et le « policier » passe outre. Si ils pèchent, le Miséricordieux s'éloigne, le « policier » exerce la rigueur sur les coupables. Ce n'est que lorsque le Seigneur s'éloigne, que le « policier » agit. Comme il est dit : « La colère de L'Eternel éclata ainsi contre eux, et Il se retira. La nuée ayant disparu du dessus de la tente, Miriam se trouva couverte de lèpre, blanche comme la neige. » (Bamidbar, 12, 9,10).

שתיקוניהם של תחתונים בד'
עולמות,

ופגמיהם בד' עולמות.

זכו התחתונים -

האדון מנהג ברחמים,

והשוטר עובר מפניו.

חטאו -

בעל הרחמים נסתלק, והשוטר

עושה דין בחייבים.

בסילוקו של אדון מעשהו של

שוטר,

הוא שנאמר (במדבר יב, ט-י):

"ויחר אף ה' בם וילך והענן

סר מעל האהל והנה מרים

מצורעת כשלג".

La *Sitra A'hra* a quatre mondes inférieurs qui correspondent à *ABYA* ; elle possède aussi cinq *Partsoufim*, des *Sephirot*, des *Heikhalot*, et des anges, tels que dans le monde sacré, mais cependant, de moindre force.

Comme les bonnes actions des hommes qui produisent des effets sur les mondes supérieurs, ses mauvaises actions produisent des conséquences sur les quatre mondes inférieurs.

Ce n'est que quand l'homme pèche, que le coté négatif peut se renforcer. L'aspect négatif grandit alors en lui, c'est son *Yetser Hara* ; il le détache des mondes supérieurs, et le déracine de la *Kedoucha*.

e) La racine des *Kélipot*[370] procède de l'ordre des rigueurs. De certaines rigueurs ; la *S'A* est maîtrisée, à partir d'autres [rigueurs], elle s'amplifie ; tout dépendant des actions des êtres inférieurs. Comme il est écrit :
« Vous observerez donc Mes lois et Mes statuts, parce que l'homme qui les pratique obtient, par eux, la vie.. » (Vayikra, 18, 5).

ה. סדרי הדינים -
אלה שרשים של קליפות,
מהם מכניעים אותה, ומהם -
מגביהים אותה,
לפי מעשיהם של תחתונים.
הוא שהכתוב אומר (ויקרא יח,
ה):
"ושמרתם את חוקותי ואת
משפטי אשר יעשה אותם
האדם וחי בהם."

Des noms de *Elokim* ; qui sont les lumières des aspects arrières, les *Kélipot* obtiennent leurs forces. Cependant, la racine du mal provient du coté positif car, bien entendu, aucune force ne peut exister ni agir sans la volonté de D.ieu *B'H*.

Le mal disparaîtra de ce monde, et plus tard se transformera en bien, quand les *Tikounim* seront complétés ; ainsi les rigueurs seront apaisées, et la *Sitra A'hra* ne pourra plus s'attacher aux lumières supérieures.

---

370. Cette racine est du côté de la *Kedoucha*.

En voulant lui donner une place dans le *Tikoun*, il revient à l'homme de faire cette grande réparation du monde. Cependant, si l'homme n'agit pas en conséquence, le *Tikoun* se fera néanmoins, mais dans le temps déterminé par le Créateur.

י

Dixième chapitre

Les âmes

Introduction

L'âme possède cinq noms : *Nefech, Roua'h, Nechama, 'Haya,* et *Ye'hida. L'âme désigne l'entité spirituelle qui est à l'intérieur du corps, ce dernier n'étant que l'habit extérieur. Le Tikoun* de l'âme est réalisé par le *Guilgoul* [réincarnation], et le *'Ibour* [l'attachement]. En accomplissant ce qui lui manque des 613 *Mitsvot,* l'homme réalise le *Tikoun* nécessaire à son âme, qui peut ainsi rejoindre sa source, et s'élever dans les hautes racines.

a) Le service divin est attribué aux âmes. Elles possèdent cinq noms : *Nefech, Roua'h, Nechama, 'Haya* et *Ye'hida*. Leurs racines dérivent des cinq *Partsoufim*. Ainsi, *'Haya*, et *Ye'hida* sont de *Atsilout, Nechama* de *Beriah, Roua'h* de *Yetsirah*, et *Nefech* de *'Assiah*.

א. עבודתו של מקום - לנשמות.
ה' שמות הם: נר"ן ח"י, מה' פרצופים.
חיה יחידה מאצילות,
נשמה מבריאה,
רוח מיצירה,
נפש מעשייה.

La force de l'homme s'épanche donc, de *Malkhout* de *'Assiah*, jusqu'à *Keter* de *Atsilout*.
Ainsi qu'il est écrit : « Faisons l'homme à Notre image, à Notre ressemblance, et qu'il domine sur les créatures de l'océan ..»
(Berechit, 1, 26).

נמצא כחו של אדם ממלכותו של עשייה עד כתרו של אצילות.
זהו שנאמר (בראשית א, כו):
"נעשה אדם בצלמנו כדמותנו וירדו בדגת הים".

L'âme a cinq noms ; *Nefech, Roua'h, Nechama, 'Haya*, et *Ye'hida*, qui désignent au fait les cinq niveaux de l'âme divine. L'âme est l'entité spirituelle à l'intérieur du corps. C'est l'homme qui provoque l'union des quatre mondes, et il est donc nécessaire que son âme y ait son origine.

Les cinq niveaux de l'âme ne peuvent être acquis en une seule fois. La plupart des hommes n'ont que le niveau de *Nefech*, et si ils méritent ; ils acquerront les prochains niveaux un à la fois.

Toutes les âmes du niveau de *Nefech* procèdent du monde de *'Assiah*, celles de *Roua'h* de *Yetsirah*, celles de *Nechama* de

Beriah, celles de *'Haya* et *Ye'hida* de *Atsilout*. Comme il y a dans chaque monde cinq *Partsoufim* et des *Sephirot*, ainsi chaque âme possède tous ces différents niveaux. Une âme pourrait être ainsi du niveau de *Malkhout* de *'Assiah*, ou *Abah* de *'Assiah*, de *Z'A* de *Yetsirah,* ou *Imah* de *Beriah*, etc.

Pour atteindre le prochain niveau supérieur de l'âme, l'homme doit faire le *Tikoun* du niveau précédant. Pour acquérir le niveau de *Imah* de *'Assiah*, il doit faire le *Tikoun* de *Malkhout* et *Z'A* de *'Assiah*, et ainsi de suite. Pour acquérir son niveau de *Nechama*, il doit faire le *Tikoun* de tous les niveaux des *Sephirot* et *Partsoufim*[371] de son *Nefech* et *Roua'h*.

b) Le *Tikoun* de la *Nechama*[372] est réalisé par le *Guilgoul* [réincarnation], et le *'Ibour* [l'attachement ou rajout].	ב. תיקוניה של נשמה - גלגול ועיבור.
De quelle manière? Le service de la *Nechama* se traduit par l'accomplissement des 613 *Mitsvot*; lorsqu'elle les a accompli, elle monte au repos; sinon, elle revient et se réincarne. Elle ne se réincarne pas complètement, mais seulement de ses parties qui nécessitent le *Tikoun*.	כיצד? עבודתה של נשמה תרי"ג מצוות, השלימתם - עולה למנוחה, ואם לאו - חוזרת ומתלגלת. לא כולה מתגלגלת, אלא חלקיה הצריכים תיקון.

---

371. Des niveaux des mondes de *'Assiah* et *Yetsirah*.
372. Le nom général de l'âme en hébreu est *Nechama*.

Si l'homme n'accomplit pas le *Tikoun* du niveau de son âme pour lequel il est venu, il revient, et se réincarne. En accomplissant ce qu'il n'a pas accompli des 613 *Mitsvot*, l'homme réalise le *Tikoun* nécessaire. Ainsi, ce n'est pas l'âme entière qui revient, seule les parties qui nécessitent une réparation [d'une *Mitsva* ou plus manquante] reviennent dans un corps. Il existe 613 parties ou niveaux de l'âme, en parallèle aux 613 *Mitsvot* et 613 membres et veines de l'homme, ce nombre n'est pas arbitraire, car il y a d'importantes interrelations et interactions entre eux.

c) Qu'est-ce qu'un *Guilgoul*, et qu'est-ce qu'un *'Ibour*? Le *Guilgoul* est [la réincarnation d'une âme dans un corps] à partir de la naissance jusqu'à la mort. Le *'Ibour* [est un rajout d'une autre âme à son âme primaire, elle] peut venir et repartir à n'importe quel moment.

ג. איזהו גלגולו ואיזהו עיבור? גלגול - משעת לידה ועד מיתה; עיבור - ביאתו בכל שעה, ויציאתו בכל שעה.

Pour les *Mitsvot* qu'elle était obligée d'accomplir ; l'âme les accomplit par le *Guilgoul*, pour celles qu'elle n'était pas contrainte de faire[373] ; elle les accomplit par le *'Ibour*, qui repart ensuite.

מצוות שנתחייבה בהם - משלימתם בגלגול, ושלא נתחייבה בהם - בעיבור משלימתם, והולכת לה.

---

373. *Mitsva* qu'il lui était impossible de réaliser, tel que : Circoncision pour un fils qu'il n'a pas eu, etc.

Les *Tsadikim* se réincarnent jusqu'à une millième génération, quant aux pécheurs; jusqu'à quatre générations. Comme il est écrit : « Pour le quatrième, Je ne le révoquerai pas... » ('Amos, 1, 3).	צדיקים מתגלגלים לאלפים, רשעים עד רבעים, שנא' (עמוס א, ג): "ועל ארבעה לא אשיבנו".

L'âme donnée à l'homme à sa naissance reste avec lui toute sa vie. Pour l'aider à accomplir une *Mitsva* manquante, une autre âme pourrait s'ajouter à la sienne (*'Ibour*), afin qu'il l'accomplisse; et ensuite elle repart. La *Mitsva* manquante pourrait être une qu'il n'a pas voulu accomplir ou, une qu'il ne pouvait pas accomplir dans sa vie précédente.

Si un homme entreprend le *Tikoun* de son âme en trois réincarnations, d'une manière partielle, il reviendra autant que nécessaire pour la compléter. Cependant, s'il maintient son mauvais comportement, il ne reviendra pas après la troisième réincarnation.

d) *Nefech* vient en premier lieu, ensuite vient *Roua'h*. Après *Roua'h* viendra Nechama, ensuite *'Haya* et *Ye'hida*. Il y a des enveloppes pour toutes les âmes. *Nefech*, *Roua'h* et *Necha-ma* se réincarnent indépendamment.	ד. נפש בא בתחלה, ואחריו רוח, ואחריו נשמה, וח"י אחריהן. לכל נשמה לבושים. מתגלגלת נפש לבדה ורוח לבדו ונשמה לבדה.

Les âmes s'habillent d'enveloppes d'origine différentes
d'elles. Toutes les âmes ne
sont pas égales ; les nouvelles ne sont pas comme les
anciennes ; les réincarnées
une première fois, ne ressemblent pas à celles réincarnées deux fois. Sur toutes
[ces âmes] il est écrit :
« Et ces événements sont
manœuvrés sous Son im-
pulsion, selon leur fonc-
tion, pour exécuter Ses
ordres... ». (Job, 37, 12).

ומרכיבים נשמות בלבושים
שלא במינם.
לא כל הנשמות שוות:
שלא כחדשות הישנות,
ולא כמגולגלות אחת
המגולגלות שתים.
ועל כולם הוא אומר (איוב
לז, יב):
"והוא מסבות מתהפך
בתחבולותיו לפעלם".

« ... Mais D.ieu n'expulse
personne [du *Tikoun*], et Il
combine Ses desseins en vue
de ne pas repousser à jamais
celui qui est banni de Sa
présence. » (Samuel 2, 14, 14).

ואומר (שמואל ב יד, יד):
"וחשב מחשבות לבלתי ידח
ממנו נדח".

Et il est écrit : « Tous ceux
qui se réclament de Mon
Nom, tous ceux que, pour
Ma gloire, J'ai créés, formés
et organisés. » (Isaïe, 43, 7).

ואומר (ישעיה מג, ז):
"כל הנקרא בשמי ולכבודי
בראתיו יצרתיו אף עשיתיו".

« D.ieu régnera à jamais »
(Chemot, 16, 18)

ואומר (שמות טו, יח):
"ה' ימלוך לעולם ועד".

« Et ton peuple ne sera composé que de justes qui posséderont à jamais ce pays, eux, rejetons que J'ai plantés, œuvre de Mes mains, dont Je Me fais honneur. » (Isaïe 60, 21)	‎ואומר (ישעיה ס, כא): ‎"ועמך כולם צדיקים לעולם ‎ירשו ארץ נצר מטעי מעשי ‎ידי להתפאר".

L'habit [Levouch] ou l'enveloppe, correspond à ce qui est nécessaire à l'âme pour s'attacher au corps de l'homme. Quand une autre âme s'ajoute à l'homme, elle pourrait utiliser le même Levouch et y demeurer. Les âmes nouvelles sont celles qui ne sont jamais venues, quant aux anciennes, elles ont déjà visité un corps, ne serait-ce qu'une fois.

Au début toutes les âmes étaient dans *Adam Harichon*, quand il pècha ; certaines tombèrent dans les *Kélipot*, et d'autres restèrent en lui. La différence principale[374] est que seulement les âmes nouvelles, ont la possibilité d'accomplir le *Tikoun* de tous les niveaux en une seule fois. Les anciennes âmes, pourraient se réincarner en parties séparées, et en plusieurs réincarnations, afin d'acquérir tous les niveaux de *Roua'h* et *Nechama*.

En somme, toutes ces possibilités complexes n'ont qu'un seul but : Permettre à l'homme de mériter par ses propres efforts, de se rapprocher de son Créateur, et vivre la *Dvékout* – l'adhésion avec D.ieu. Ainsi, il pourra atteindre la perfection afin d'être impliqué directement dans le but ultime de la création, qui n'est autre que la révélation de la Souveraineté de D.ieu – *Guilouy Ye'houdo*.

Baroukh Hachem, Le'olam, Amen Veamen.

---

374. Entre les âmes nouvelles et anciennes.

Texte complet

כללות האילן הקדוש

כללות האילן הקדוש

Premier chapitre

פרק ראשון

a) Avant que le monde ne fut créé, Lui et Son Nom ne faisaient qu'Un. Manifestant Sa Volonté, Il rétracta Sa lumière, afin de créer toutes les créatures, en leur donnant un espace. Il n'y a point d'existence qui n'ait son espace.

א. עד שלא נברא העולם היה הוא ושמו אחד.
רצה וצמצם אורו לברוא כל הבריות, נתן להם מקום.
אין לך דבר שאין לו מקום.

L'espace [d'où la lumière se rétracta] étant circulaire, le *Ein Sof*[375] l'entoure de tout les cotés. Un rayon [*Kav*] émergea de Lui, entra d'un coté et forma tous les degrés[376].

נמצא המקום שווה לכולם. והאין סוף ב"ה מקיפו לכל צד. וקו יוצא ממנו לצד אחד, בוקע ונכנס, ועושה כל המדרגות.

Ils [Les *Sephirot*] sont dix niveaux, avec des qualités incommensurables. Dix cercles, et dans leur milieu ; dix linéaires ayant les qualités du *Ein Sof*; bonté, rigueur et miséricorde.

עשר מדרגות הן, מדתן שאין להם סוף.
עשרה עגולים, ויושרם באמצען, שבהן מידותיו של מקום - חסד, דין, רחמים.

---

375. L'infini – Le Sans Fin.
376. *Sephirot*.

Il dirige Ses créatures avec justice, récompensant et punissant, transformant tout le mal en bien, et amenant Ses créatures à Sa Volonté. Comme il est écrit : « Je Suis le premier et le dernier et à part Moi il n'y a point de D.ieu. » (Isaïe, 44, 6).

Tout ce que D.ieu a créé dans ce monde, Il le créa pour Sa gloire, comme il est écrit : « Tout ce qui est appelé par Mon Nom et à Ma gloire, Je l'ai créé, formé et même fait. » (Isaïe, 43, 7).

Et il dit : « D.ieu régnera à jamais. » (Chemot, 15, 18).

b) Dix *Sephirot* ; intérieures et extérieures, leurs formes sont comme celle d'un homme, le premier de tous ; *Adam Kadmon* [l'homme primordial]. De la lumière qui avait été investie en lui, sortirent [des ramifications] ses quatre sens : La vue, l'ouie, l'odorat et la parole.

מנהג כל בריותיו במשפט, משכיר ומעניש, ומחזיר כל רעה לטובה, ומביא בריותיו לרצונו.
וכן הוא אומר (ישעיה מד, י):
"אני ראשון ואני אחרון ומבלעדי אין אלהים".

כל מה שברא הקב"ה בעולמו לא בראו אלא לכבודו,
שנאמר (ישעיה מג, ז):
"כל הנקרא בשמי ולכבודי בראתיו יצרתיו אף עשיתיו".

ואומר (שמות טו, יח):
"ה' ימלוך לעולם ועד".

ב. עשר ספירות פנימיות וחיצוניות דמיונן כמראה אדם.
הראשון שבכולם - אדם קדמון.
וממה שנגבל בפנים יוצאים ארבע חושים חלק ממנו: ראיה, שמיעה, ריח, דיבור.

c) Des quatres lettres de הוי״ה ב״ה, il y a – quatre *Milouyim*[376a] – ע״ב, ס״ג, מ״ה, ב״ן (*'AV, SaG, MaH, BaN*)

– *Ta'amim* [signes de cantillations].
– *Nekoudot* [voyelles],
– *Tagin* [couronnes],
– *Autiot* [lettres].
Ils s'incluent les uns dans les autres[376b].

ע״ב (*'AV*) est dans la tête, ses ramifications sont scellées, et sortent des cheveux de la tête.

ס״ג (*SaG*) sortit des oreilles vers le bas. Ses signes de cantillations se subdivisent en trois niveaux : Supérieurs, intermédiaires, et inférieurs. Les supérieurs [proviennent] des oreilles, les intermédiaires ; du nez, et les inférieurs, de la bouche.

ג. ד׳ אותיות הוי״ה ב״ה
ד׳ מלואים: עסמ״ב טנת״א
נכללים אלו מאלו.

ע״ב בגולגולת, ענפיו נעלמים,
מן השערות של הראש הם
יוצאים.

יצא ס״ג מן האזנים ולמטה.
טעמים שלו ג׳ מינים:
עליונים תחתונים, אמצעים.
עליונים באזנים,
אמצעים בחוטם,
תחתונים בפה.

376a. Eppellation de chaque lettre.
376b. Les *Ta'amim* correspondent au nom de *'AV*, les *Nekoudot* à *SaG*, les *Tagin* à *MaH*, et les *Autiot* à *BaN*. Les *Ta'amim* ont aussi un aspect de *SaG* (*SaG* de *'AV*) et ainsi de suite.

Les supérieurs sortirent des oreilles; dix [Sephirot] de la droite, et dix [Sephirot] de la gauche, les premières; intérieures, les secondes; encerclantes, toutes s'incluent dans un ה ayant la forme de ו ד. Jusqu'où descendirent-elles? Jusqu'à la barbe sur le menton.

יצאו עליונים מן האזנים,
עשרה מהימין ועשרה
מהשמאל, אלו פנימים ואלו
מקיפים לגביהם, כלולים בה׳
אחת שצורתה ד״ו.
עד היכן הם יורדין:
עד כנגד שבולת הזקן.

Les intermédiaires sortirent du nez; dix de la droite, et dix de la gauche, les premières; intérieures, les secondes; encerclantes. Elles s'approchèrent[376c] l'une de l'autre, et ainsi se dévoila le ו du ה avec six Aleph [א א א א א א] sortant et descendant jusqu'au thorax.

יצאו אמצעים מן החוטם,
עשרה מימין, ועשרה
משמאל, אלו פנימים,
ואלו מקיפים לגביהם
והרי נתקרבו זה לגבי זה.
ונתגלתה ו׳ של ה׳
בששה אלפין יוצאים
יורדין עד החזה.

Les [Ta'amim] inférieurs sortirent de la bouche; dix [Sephirot] intérieures, et dix [Sephirot] encerclantes, et ainsi se dévoila le ד du ה avec quatre Alphin; deux יוי et deux יוד.

יצאו התחתונים מן הפה,
י׳ פנימים וי׳ מקיפים,
ונתגלתה הד׳ שבה׳ בד׳
אלפין, שנים יוי, ושניים יוד.

_____

376c. Les Sephirot.

Des deux oreilles et des deux narines ; deux souffles du coté droit de la bouche, et deux paroles du côté gauche, ils sont attachés aux deux mâchoires ; supérieure et inférieure. Ils Sortent et descendent jusqu'au nombril.

d) En premier, *Malkhout*[377] sortit, ensuite *Z'A* et les autres [*Sephirot* jusqu'à *Keter*]. La force [la consistance] du *Kéli* se retrouvant absorbée en eux[378].

Les plus subtiles[379] retournèrent et entrèrent[380], *Keter* en premier, puis les autres suivirent. Ce qui resta s'épaissit. Un *Kéli* fut fait des étincelles qui tombèrent ; par le choc entre la lumière supérieure qui retourna, et de la trace de la plus basse[381].

מב' אזנים ומב' נחירים -
ב' הבלים בימינו של הפה
ושני דיבורים בשמאלו,
נשרשים בב' לחיים - עליון
ותחתון.
יוצאין ויורדין עד הטבור.

ד. יצאו ראשונה, מלכות
בתחלה, וז"א אחריה, וכן
כולם. וכח הכלי בלוע בהם.

הדק שבהם חזר ונכנס,
כתר בתחלה וכולם אחריו.
נתעבה הנשאר,
ונעשה כלי מניצוצות שנפלו
בו מהכאת אור חזרתו של
עליון ורשימו של תחתון.

---

377. De la bouche de *Adam Kadmon*.
378. Les lumières de la bouche de *Adam Kadmon*.
379. Des lumières.
380. Dans la bouche de *Adam Kadmon*.
381. Toute lumière en remontant laisse une trace (empreinte).

Au début elles étaient toutes [de l'aspect] des *Nefachot*. Elles bénéficièrent l'une de l'autre, à leur sortie et à leur retour, chacune selon ce qui lui convient, jusqu'au second encerclant[382]. *Keter* resta dans la bouche de *A'K*, les neuf [*Sephirot*] restantes sortirent, jusqu'à ce que *Malkhout* se retrouva comme un *Kéli* sans lumière.

Tous les *Kélim* forment un unique *Kéli*, mais avec dix gradations ; ceci est [le monde des] Akoudim[383].

בראשונה היו כלם נפשות.
הרויחו זה מזה ביציאתם וכן
בחזרתם, כל אחד כראוי לו,
עד מקיף שני.
נשאר הכתר בפה דא"ק,
ושאר התשעה יצאו, עד
שנמצאת מלכות כלי בלי אור.

כל הכלים כלי אחד, אלא
שעשר שנתות יש לו, זה
עקודים.

---

382. Pour *Malkhout* seulement.
383. Attachés.

Deuxième chapitre

פרק שני

a) Les voyelles de *SaG* étant prêtes à sortir, *SaG* assembla ses *MaH* et *BaN*[384], et *MaH* et *BaN* [généraux] avec eux ; à partir du nombril en montant, et déploya un voile commençant à l'avant à la hauteur de son buste, et s'étendant en arrière jusqu'au niveau de son nombril.

א. עמדו נקודותיו לצאת, אסף ס״ג המ״ה וב״ן שלו, ומ״ה וב״ן עמהם, מן הטבור ולמעלה; ופרש שם מסך, מתחיל מלפניו בחזה, ומשפע ויורד מאחריו, עד כנגד הטבור.

De *BaN*, sont montées et sortirent à travers les yeux ; dix *Sephirot* de l'oeil droit et dix du gauche. Ils [les *Kélim*] sortirent et descendirent à partir du nombril vers le bas. Elles [*Sephirot*] reçurent des lumières d'en haut ; *KHB* [reçurent des lumières] des oreilles du nez et de la bouche, qui étaient sur la barbe du menton, et le reste [les sept *Sephirot* inférieures reçurent des lumières] de la bouche et de plus bas [de la barbe sur le menton].

ומן הב״ן עלו ויצאו מן העינים עשר ספירות מן הימין, ועשר מן השמאל. יצאו וירדו מן הטבור ולמטה, ולקחו אור ממה שלמעלה: כח״ב מאח״פ בשבלתה של זקן, והשאר מן הפה משם ולמטה.

---

384. *MaH* de *SaG* et *BaN* de *SaG*.

De l'intérieur [de A'K], BaN descendit et jaillit à leur niveau [des lumières des yeux qui descendirent], il illumina à travers sa peau [de A'K] ,vers l'extérieur. Du nombril et du Yessod [de A'K], la lumière se partagea à Keter et à Hohma et Binah, le reste [les sept Sephirot inférieures reçurent, des lumières] des orteils [de A'K].

Les trois premières étant réparées ; se faisant face, le reste [les sept Sephirot inférieures] ; une en dessous de l'autre.

b) Dix Kélim sortirent en premier, et ensuite vinrent leurs lumières. Les lumières descendirent à KHB et furent acceptées ; aux sept inférieures ; elles ne furent pas acceptées. Les Kélim descendirent en bas [aux mondes de Beriah, Yetsirah et 'Assiah], et leurs lumières remontèrent à leur place [dans Atsilout].

ומבפנים ירד ובקע ב"ן
כנגדם, והאיר דרך עורו
לחוץ. מן הטבור ומן היסוד
נחלקת אור לכתר ולחו"ב,
והשאר מאצבעותיהם של
רגלים.

נמצא:
ג' ראשונות מתוקנים זה כנגד
זה, והשאר זה תחת זה.

ב. יצאו עשרה כלים
בראשונה, ואורותיהם אח"כ.
ירדו האורות לכח"ב וקבלום;
לז"ת ולא קבלום.
ירדו כליהם למטה,
ואורותיהם עלו למקומם.

Et sur eux, il dit :
« Et ce sont les rois qui régnèrent sur la terre de Edom, avant que règne le roi sur les enfants d'Israël. » (Berechit, 36, 31).

ועליהם הוא אומר (בראשית לו, לא):
"ואלה המלכים אשר מלכו בארץ אדום לפני מלך מלך לבני ישראל".

c) Dix *Sephirot* [de Nékoudim] à être divisées en six *Partsoufim* [dans *Atsilout*], et à partir d'eux, quatre mondes : *Atsilout, Beriah, Yetsirah* et *'Assiah*. De la fin [de tous ces niveaux][385] ; sort le mal, tel qu'il est dit : « Je forme la lumière et crée les ténèbres, J'établis la paix et crée le mal. » (Isaïe, 45, 7).

ג. עשר ספירות עומדות ליחלק בששה פרצופים, ומהם נעשו ד' עולמות - אבי"ע ומסופם יוצא הרע, שנאמר (ישעיה מה, ז):
"יוצר אור ובורא חושך עושה שלום ובורא רע".

Les étincelles n'ont pas d'attachement entre elles, tel qu'il est dit :
« Le boutefeu sème la discorde entre amis. » (Michlé, 16, 28).
Sur les pécheurs il dit :
« Tous les faiseurs de mal seront divisés. » (Tehilim 92, 10).

זיקין ניצוצים אין ביניהם חיבור, שנאמר (משלי טז, כח):
"ונרגן מפריד אלוף".
וברשעים הוא אומר (תהלים צב, י):
"יתפרדו כל פועלי און".

---

385. *Malkhout* de *'Assiah*.

Mais pour la sainteté que dit-il ?
« Et D.ieu sera roi sur toute la terre et en ce jour D.ieu sera Un et Son Nom Un. » (Zacharie, 14, 9).

אבל בקדושה מה הוא אומר
(זכריה יד, ט) :
"והיה ה' למלך על כל הארץ
ביום ההוא יהיה ה' אחד
ושמו אחד"...

Car le *Tikoun* de tout, est par l'union [*Yi'houd*]

שתיקון והכל ביחוד.

d) Au début, toutes les parties [des *Kélim*] étaient égales. Les lumières vinrent mais ils [*Z'aT*] ne purent les accepter, ils [les *Kélim*] cassèrent et tombèrent. Les plus subtiles [lumières] d'entre-elles, furent cachées du restant [des lumières] ; le meilleur descendit a *Beriah*, le meilleur du reste [des lumières] ; à *Yetsirah* ; et le restant [des lumières] ; à *'Assiah*.

ד. בתחלה היו כל החלקים
שוים.
באו האורות ולא קיבלום,
נשברו ונפלו.
נגנז המעולה שבהם,
ומן הנשאר ירד הטוב שבו
לבריאה,
ושלאחריו ליצירה,
ושלאחריו לעשיה.

Quand ils [les *Kélim*] revinrent et furent réparés, quatre furent fait de trois[386]. La

כשחזרו ונתקנו, נעשה מג' ד'.

---

386. Des trois mondes de *Beriah*, *Yetsirah* et *'Assiah*, furent fait les quatre mondes de *Atsilout*, *Beriah*, *Yetsirah* et *'Assiah*.

deuxième 'Assiah se trouve donc plus bas que la première, et de son extrémité[387] sort le mal. Tel que le prophète dit :
« Voici Je vous ferai petits parmi les nations, vous serez beaucoup détestés. » ('Ovadia, 1, 2).

נמצאת עשיה השניה תחתונה מהראשונה. ומסופה הרע יצא,
הוא שהנביא אמר (עובדיה א, ב):
"קטן נתתיך בגוים בזוי אתה מאד".

e) Lesquels[388] descendirent ? Les sept inférieurs, et les arrières de 'Hokhma et Binah. Les sept inférieurs descendirent à Beriah, les arrières de 'Hokhma et Binah ; à la place de Z'oN dans Atsilout, les arrières de 'Hokhma ; à l'avant et ceux de Binah ; en arrière [dos à dos]. Les sept inférieures se cassèrent, les arrières de 'Hokhma et Binah ne se cassèrent pas, mais tombèrent seulement. Les arrières de NHY de Keter furent endommagés avec eux.

ה. מי הם היורדים?
ז"ת, ואחוריהם של חו"ב;
אלא שז"ת ירדו לבריאה,
ואחוריהם של חו"ב למקום
זו"ן שבאצילות: אחורי חכמה
מאחוריהם. ז"ת נשברו;
ואחורי חו"ב לא נשברו אלא
נפלו; ואחורי נה"י של כתר
נפגמו עמהם.

---

387. Malkhout de la deuxième 'Assiah.
388. Kélim.

Dans chaque *Partsouf*, les sept inférieurs se cassèrent, les arrières de *'Hokhma* et *Binah* tombèrent, les arrières de *NHY* de *Keter* furent endommagés. De quels *Partsoufim*? De ceux qui viendront après[389].

נמצאו:
ז"ת שבכל פרצוף שבורים, ואחורי חו"ב נפולים, ושל נה"י של כתר פגומים. באיזה פרצופין דברו? באותן שלאחר כך.

f) De quelle façon tombèrent-elles [*Z'aT*]?

ו. כיצד נפלו?

La première de toutes fut *Da'at*, elle reçut sept lumières [de *Z'aT* de *Nekoudim*], mais ne put se maintenir, elle se cassa et tomba. Son *Kéli* [tomba] à *Da'at* de *Beriah*, et sa lumière à *Malkhout* de *Atsilout*.

ראשון שבכולם דעת, קבל ז' אורות, ולא עמד בהם, נשבר ונפל, כליו בדעת דבריאה, ואור שלו במלכות דאצילות.

Ensuite, *'Hessed* reçut six lumières; il se cassa et tomba. Son *Kéli* tomba à *Binah* de *Beriah*, et sa lumière à *Yessod* de *Atsilout*.

קבל חסד אחריו ששה אורות נשבר ונפל, כליו בבינה דבריאה, ואור שלו ביסוד דאצילות.

Guevourah reçu de la même manière; elle se cassa et

קבלה גבורה על דרך זה, נשברה ונפלה,

---

389. Etant encore dans le monde de *Nékoudim* le concept de *Partsouf* n'existe pas encore, nous parlons donc du monde du *Tikoun*.

tomba. Son *Kéli* tomba à 'Hokhma de Beriah, et sa lumière à *Netsa'h* et *Hod* de *Atsilout*.

Tiféérel reçut de la même manière ; elle se cassa et tomba. Son *Kéli* tomba à *Keter* de *Beriah*, et sa lumière resta en place, le *Kéli* de *Keter* s'étendit[390], et la reçut[391], la lumière de *Da'at* monta entre eux, son *Kéli*[392] descendit une deuxième fois à *Malkhout* de *Beriah*.

Les lumières sortirent vers [les *Kélim* de] *Netsa'h* et *Hod*, elles trouvèrent la lumière de *Guevourah* qui y était tombée, [le *Kéli* de] *Binah* s'étendit[393], la reçut[394], et son *Kéli*[395] descendit une deuxième fois à *Yessod* de *Beriah*. *Netsa'h*

כליה בחכמה דבריאה,
ואורה בנ״ה דאצילות.

קבל תפארת על דרך זה,
נשבר ונפל, כליו בכתר
דבריאה, ואור שלו עמד
במקומו. נתפשט כלי הכתר
וקיבלו. ואור הדעת עלה
ביניהם, ונפל כלי שלו שניה
עד המלכות דבריאה.

יצאו האורות לנ״ה. מצאו שם
אור הגבורה שנפלה. נתפשטה
הבינה וקבלתו, וירד כליה
שניה עד היסוד דבריאה.

---

390. Etant du même pilier (central).
391. La lumière de *Tiféérel*.
392. De *Da'at*.
393. Etant du même pilier (gauche).
394. La lumière de *Guevourah*.
395. De *Guevourah*.

et *Hod* reçurent et se cassèrent ; leurs *Kélim* tombèrent
à *Netsa'h* et *Hod* de *Beriah*,
leurs lumières montèrent au
Kéli de *Binah*.

קבלו נ"ה, ונשברו, ונפל כלים
בנ"ה דבריאה, ואורם עלה
לכליה של בינה.

Les lumières sortirent vers
[les *Kélim* de] *Yessod* ; elles
y trouvèrent la lumière de
'Hessed. *'Hokhma* s'étendit[396] et la reçut[397], son
Kéli[398] descendit une deuxième fois à *Tifeéret* [de
Beriah].

יצאו האורות ליסוד, ומצאו
שם אורו של חסד. נתפשטה
החכמה וקבלתו, נפל כליו
שניה עד התפארת.

Yessod reçut, se cassa et
tomba, son *Kéli* [tomba] à
Guevourah de *Beriah*, et sa
lumière monta à *Keter*.

קבל היסוד, נשבר ונפל, כליו
לגבורה דבריאה, ואור שלו
עלה לכתר.

Malkhout reçut, se cassa et
tomba, son *Kéli* [tomba] à
'Hessed de *Beriah*, et sa
lumière monta à *Keter*.

קיבלה המלכות, נשברה
ונפלה, כליה לחסד דבריאה,
ואור שלה עלה לכתר.

Ceci est le programme de la
brisure des sept [*Sephirot*]
inférieures ; d'elles, furent

זה סדר שבריתם של ז"ת,
שבהם הוכנו ונעשה בי"ע.

---

396. Etant du même pilier (droit).
397. La lumière de *'Hessed*.
398. De *'Hessed*.

préparés et arrangés, *Beriah*, *Yetsirah* et *'Assiah*.

g) La tombée des arrières de *'Hokhma* et *Binah* s'est faite selon la brisure des [sept] inférieurs. *'Hokhma* et *Binah* sont[399] face à face. [Lorsque] *Da'at* se brisa, les *'Hassadim* et *Guevourot* de *'Hokhma* et *Binah* tombèrent dans leurs corps[400]; ils se retournèrent[401] [dos à dos] sans se regarder.

ז. ירידת אחוריים של חו"ב לפי שבירתם של תחתונות. חו"ב - פנים בפנים. נשבר דעת, ונפלו חו"ג שבחו"ב בגוף, חזרו שלא להסתכל זה בזה.

'Hessed se cassa ; les arrières [*NHY*] de *Abah* descendirent jusqu'à *Yessod* [de *Abah*] ; ses arrières[402] se retournèrent de devant *Imah*.

נשבר חסד, ירדו אחוריו של אבא עד היסוד, והפך אחוריו לפני אימא.

Guevourah se cassa ; les arrières de *Imah* descendirent jusqu'à *Yessod* [de *Imah*], ils se tournèrent[403] les deux, dos à dos.

נשברה גבורה, ירדו אחוריה של אימא עד היסוד, חזרו שניהם אחור באחור.

---

399. Au début.
400. De leurs têtes leurs *Hassadim* et *Guevourot* tombèrent dans leurs corps.
401. Les têtes de *'Hokhma* et *Binah*.
402. De son corps, les arrières de sa tête s'étant déjà retournés.
403. *Abah* et *Imah* sont maintenant complètement dos à dos.

Le tiers de *Tifeéret* se cassa, les arrières des *Yessod* de *Abah* et *Imah* descendirent.

נשבר שלישו של תאפרת, ירדו אחורי יסודיהם של או״א.

Tifeéret se brisa complètement, les '*Hassadim* et *Guevourot* d'*Israël Saba* et *Tévounah* descendirent dans leurs corps; ils se retournèrent[404] pour ne pas se regarder.

גמר ת״ת להשבר, ירדו חו״ג שביסו״ת בגופם, חזרו שלא להסתכל זה בזה.

Netsa'h et *Hod* se cassèrent; les arrières de *ISOT* descendirent jusqu'à *Yessod*,

נשברו נ״ה, ירדו אחוריהם של יוס״ת עד היסוד.

Yessod se cassa; les arrières de leurs *Yessod*[405] tombèrent.

נשבר היסוד, נפלו אחורי יסודיהם.

Malkhout se cassa' les arrières de leurs couronnes[406] [qui entourent leurs *Yessod*], tombèrent, et le dommage aux [arrières de] *NHY* de *Keter* fut complété, car par eux, entrent les '*Hassadim* et *Guevourot* dans '*Hokhma* et *Binah*.

נשברה מלכות, ירדו אחורי עטרותיהם. ונשלם פגמם של נה״י דכתר, שבהן נכנסין חו״ג בחו״ב.

---

404. *ISOT.*
405. De *ISOT.*
406. De *ISOT.*

h) Les 288 étincelles sont des lumières procédant des quatre *'AV*: *'AV* de *'AV*, *'AV* de *SaG*, *'AV* de *MaH*, et *'AV* de *BaN*, qui descendirent avec les *Kélim* brisés pour leur donner une subsistance.

ח. ורפ״ח ניצוצין של אור מארבעה ע״ב דעסמ״ב ירדו עם הנשברים לקיימם.

Tout ce qui descendit, [à cause] de la descente des *Malkin*[407] (rois) descendit, et tout ce qui retourne et monte, [à cause] de leur retour, retourne.

כל היורד - מירידתם של מלכים הוא יורד, וכל החוזר ועולה - מחזרתם הוא חוזר.

Et à la fin des événements, que dit-il ? : « Et la lumière de la lune sera comme la lumière du soleil... le jour ou l'Eternel pansera les blessures de Son peuple et guérira les meurtrissures qui l'ont atteint. » (Isaie 30 .26).

ובסופן של דברים מה הוא אומר (ישעיה ל, כו): "והיה אור הלבנה כאור החמה", וגו'; ואומר (שם): "ביום חבוש ה' את שבר עמו ומחץ מכתו ירפא".

Une guérison qui n'est pas suivie par une plaie. Et il dit :

רפואה שאין אחריה מכה; ואומר (זכריה ג, ט):

---

407. Les sept premiers rois d'Edom qui moururent, correspondent aux *Z'aT* qui se cassèrent.

« Et J'éliminerais le péché de cette terre en un jour. » (Zacharie 3. 9).

"ומשתי את עון הארץ ההיא ביום אחד";

Et il dit : « Et D.ieu sera roi sur toute la terre, en ce jour D.ieu sera Un et Son Nom Un. » (Zacharie 14. 9.).

ואומר (שם יד, ט):
"והיה ה' למלך על כל הארץ ביום ההוא יהיה ה' אחד ושמו אחד".

Troisième chapitre

a) *MaH*[408] sortit du front [de *Adam Kadmon*], il sélectionna et fit à partir de tout les *Kélim* brisés[409], cinq *Partsoufim* [*Arikh Anpin*, *Abah*, *Imah*, *Ze'ir Anpin*, et *Noukvah*], ensuite, il réalisa *'Atik* au-dessus d'eux, et des arrières de *Abah* et *Imah*[410], il fit Ya'akov et Leah.

De *Keter* de *MaH* et de la moitié de *Keter*[411] de *BaN*, ainsi de que ce qui s'affilie à lui, sera réalisé *'Atik*[412].
De *'Hokhma* de *MaH* et de la moitié de *Keter*[413] de *BaN*, et de *BaN*, ainsi de que ce qui s'affilie à lui, sera réalisé *Arikh Anpin*.
De *Binah* de *MaH* et de *'Hokhma* et *Binah* de *BaN* de *BaN*, ainsi de que ce qui

פרק שלישי

א. יצא מ"ה מן המצח, בירר לו ועשה מכל שבריהם של כלים חמשה פרצופים, ועתיק שעל גביהם, ומאחוריהם של או"א - יעקב ולאה.

כתר דמ"ה וחצי כתר דב"ן, ומן השאר הראוי לו לעתיק. חכמה דמ"ה וחצי כתרו של ב"ן, ומהשאר הראוי לו זה א"א.

בינה דמ"ה וחו"ב של ב"ן,

---

408. Les dix *Sephirot* de *MaH*.
409. *Z'aT* de *BaN*.
410. Leurs *NHY* qui étaient tombés, mais toujours dans *Atsilout*.
411. Cinq *Sephirot* supérieures de *Keter*.
412. *'Atik* est la *Malkhout* de *Adam Kadmon*, qui entre dans *Atsilout* pour l'attacher à lui.
413. Cinq *Sephirot* inférieures de *Keter*.

s'affilie à eux, seront réalisés
Abah et *Imah*.

Des sept *Sephirot* inférieures
de *MaH*, et des sept *Sephirot*
inférieures de *BaN*, sera réalisé *Ze'ir Anpin*.

De *Malkhout* de *MaH*, et de
Malkhout de *BaN*, sera réalisée *Noukvah*.

Leur réparation [arrange-
ment] est par le principe
masculin et le principe féminin[414]. A partir de *D'ouN*[415],
ils sont réparés ; par l'union,
la gestation, l'enfantement,
et la croissance.

b) Le *Zivoug*, de quelle
manière se fait-il ? [D'abord]
La *Noukvah* [du *Partsouf*
supérieur] élève *Mayim
Noukvin*[416] [désir féminin],
qui se traduit par la sélection des *Kélim*, ensuite en
contrepartie, descendent les
lumières[417] de *MaH*.

ומהשאר הראוי להם - או"א.
ו"ק דמ"ה וו"ק של ב"ן -
ז"א. מלכותו של מ"ה ומלכות
של ב"ן - נוק'.

תיקונם בזכר ונקבה. ומדו"ן
הם נתקנים: בזיווג, עיבור,
לידה, וגדלות.

ב. בזיווג כיצד?
מעלה נוק' מ"ן - בירוריהם
של כלים, ויורדים כנגדם
אורותיו של מ"ה.

---

414. Par l'union des *Sephirot* de l'aspect masculin de *MaH* et de l'aspect féminin de
   BaN.
415. *Doukhrin* et *Noukvin* – masculin et féminin en Araméen. Un *Partsouf* est
   réparé par l'union des aspects masculins et féminins du *Partsouf* qui lui est
   supérieur.
416. Eaux féminines.
417. Maim *Doukhrin* (eaux masculines).

Ces dernières[418] sont restituées dans *Noukvah*[419], pour être arrangées dans son intérieur – ceci correspond à la gestation.

עומדים בנוק' ונתקנים בה - זה העיבור.

Elles[420] [les lumières et leurs *Kélim*] atteignent leurs positions – c'est la naissance.

יצאו למקומם - זו היא לידה.

Lorsque le *Partsouf*[421] inférieur s'habille du *Partsouf* supérieur, et atteint sa taille; il s'agit de la croissance (*Gadlout*).

הלביש תחתון לעליון והגיע לשיעורו - זה הגדלות.

Au préalable, il « tète » (il puise ses forces) du *Partsouf supérieur puisqu'il en dépend. Ensuite, grandit et habillé, il devient indépendant.*

יונק מתחלה - שהוא צריך לעליונו. השלים והלביש - עושה את שלו.

c) La montée des *Malkin*[422] [de *Beriah* à *Atsilout*] est de quarante jours.

ג. עליתם של מלכים ארבעים יום. כיצד?

---

418. Maim *Noukvin* et Maim *Doukhrin*.
419. Dans son *Yessod*.
420. Après les mois de gestation, leurs détails sont distincts.
421. Il s'agit de ces mêmes lumières et *Kélim*, arrangés sous forme de *Partsouf.*
422. Les *Malkin* (rois) ici sont les *Kélim* de *Z'aT* qui se brisèrent.

Dix jours : *'Hessed* et *Ne-tsa'h*, à *Netsa'h* de *Atsilout*.
Dix jours : *Da'at* et *Tifeé-ret*, à son *Yessod*[423].
Dix jours : *Guevourah* et *Hod*, à son *Hod*[424].
Dix jours : *Yessod* et *Malkhout*, à son *Malkhout*[425].

d) *'Atik* par *D'ouN*[426], est réparé. Son *MaH* est son coté masculin frontal, son *BaN* est son coté arrière féminin. La face de *MaH* ; son avant, la face de *BaN* ; son arrière[427], Atik est donc entièrement face. *Arikh Anpin* par *D'ouN*, est réparé ; masculin[428] à sa droite, féminin[429] à sa gauche. Le *Tikoun* de *Arikh Anpin* est par le *Zivoug* de *'Atik*. Le *Tikoun* de *'Atik* est par le *Zivoug* de plus haut que lui.

עשרה ימים חסד ונצח לנצחו של אצילות.
ועשרה - דעת ותפארת ליסודו.
עשרה - גבורה והוד להודו.
ועשרה - יסוד ומלכות למלכותו.

ד. נתקן עתיק דו"נ. מ"ה שלו - זכר לפניו, וב"ן שלו - נוק' לאחוריו. פני מ"ה לפניו, ופני ב"ן לאחוריו. נמצא עתיק כולו פנים. נתקן אריך דו"נ, הזכר בימינו והנוקבא בשמאלו. תיקונו של א"א מזיווגו של עתיק. תיקונו של עתיק מזיווג עליון ממנו.

---

423. De *Atsilout*.
424. De *Atsilout*.
425. De *Atsilout*.
426. Par le *Zivoug* de plus en haut qui lui ('*AV* et *SaG* de *Adam Kadmon*).
427. Son *MaH* et *BaN* sont dos à dos.
428. Son aspect de *MaH*.
429. Son aspect de *BaN*.

e) Du *Zivoug* de *Arikh Anpin* sont constitués *Abah* et *Imah*; l'un masculin, l'autre féminin, et de leur *Zivoug*[430] sont constitués *Z'A* et *Noukvah*. *Yessod* de Atik est situé dans le thorax[431] de *Arikh Anpin*[432], les *'Hassadim* et *Guevourot* se révèlent de lui[433].

Les *Guevourot* sortirent[434] en premier; étant repoussées par les *'Hassadim*, elles entourèrent *Yessod* [de *'Atik*] de tous les cotés. Les *'Hassadim* sortirent, leurs moitiés[435] à droite, et poussèrent toutes les *Guevourot* à sa gauche [de *Yessod*]. Leurs moitiés[436] descendirent du thorax et plus bas, les *'Hassadim* descendirent aussi pour les apaiser. Il y

ה. מזיווגו של א״א נתקנים או״א, זה זכר וזה נקבה, ומזיווגם - זו״ן. יסודו של עתיק כלה בחזהו של א״א, וחו״ג מתגלים ממנו.

יצאו הגבורות ראשונה מפני דוחקם של חסדים, סבבו את היסוד לכל רוח. יצאו החסדים חצים לימין, ודחו את הגבורות כולם לשמאלו. ירדו חצים מן החזה ולמטה, והחסדים יורדים כנגדם למתקם.

---

430. De *Abah* et *Imah*.
431. *Tifeéret*.
432. Selon la *Hichtalchelout* (développement) mais non selon l'habillement ou il se trouve dans le *Yessod* de *Arikh Anpin*.
433. *Yessod* de *'Atik*.
434. Du *Yessod* de *'Atik*.
435. Deux et demies.
436. Deux et demies des *Guevourot*.

a donc deux *'Hassadim* et demi révélés, et deux et demi cachés, projetant vers l'extérieur leurs lumières[437].

Des *'Hassadim* ; sortirent *Abah* et *Israël Saba* à la droite de *Arikh* et des *Guevourot* ; *Imah* et *Tévounah* à sa gauche. *Imah* et *Tévounah* ; les jambes de l'une [*Imah*] dans la tête de l'autre [*Tévounah*], ce qui est différent pour *Abah* et *Israël Saba*[438], car deux moitiés de *Guevourot* sont révélées comme une alors que les moitiés des *'Hassadim* sont cachées dans *Yessod*.

f) *Abah* et *Imah* sont les deux *Mo'hin*[439] de *Atsilout*, ils habillent les deux bras [*'Hessed* et *Guevourah*] de *Arikh*. Ils sont construits de *MaH* et *BaN*, et constitués[440] par les lumières de *Arikh*.

נמצאו: ב' חסדים וחצי מגולים, וב' חסדים וחצי מכוסים, מוציאים הארתם לחוץ.

יצאו מן החסדים אבא וישראל סבא לימין של אריך, ומן הגבורות אימא ותבונה לשמאלו. אימא ותבונה - רגליה של זו בראשה של זו; מה שאינו כן אבא וי"ס. ששני חצאיהם של גבורות מגולים כאחד, וחצים של חסדים מכוסים ביסוד.

ו. או"א - שני מוחותיו של אצילות - מלבישים זרועותיו של א"א. בנינם ממ"ה וב"ן, ותיקוניהם מאורותיו של אריך.

---

437. De *Yessod*, ils projettent à travers un voile.
438. Qui ne sont pas attachés.
439. *'Hokhma* et *Binah*.
440. Constitués par les lumières de *Arikh* pour agir.

Des trois parties[441] des bras [de 'Hessed et Guevourah de Arikh] pour leurs HBD [de Abah et Imah], et de Tifeéret pour le reste de leurs corps [de Abah et Imah]. Des trois premières parties de HGT [de Arikh], pour constituer leurs Mo'hin en un seul ; des deuxièmes parties seront réalisés leurs HGT ; des troisièmes, leurs NHY.

מג' פרקיהם של זרועות לחב"ד שלהם, ומת"ת לשאר כל גופם. ומג' פרקים ראשונים של חג"ת לעשות מוחותיהם כאחד, מפרקים שניים לחג"ת שלהם, מפרקים שלישיים לנה"י שלהם.

La première partie de la droite habille la tête de Abah, celle de gauche ; en parallèle, [habille] Imah, les secondes [parties habillent] ; leurs HGT ; les troisièmes ; leurs NHY.

פרקו הראשון של ימין מתלבש בראשו של אבא, כנגדו בשמאל באימא, שני לו בחג"ת של זה וזה, שלישי לו בנה"י.

Tifeéret [de Arikh] est re- couvert sous eux jusqu'au thorax.

והת"ת נכסה תחתיהן מאליו עד החזה.

g) Abah et Imah ont MaH et BaN en eux. Lorsqu'ils s'unirent[442], Abah donna son BaN à Imah, et prit le MaH de Imah pour lui.

ז. או"א - מ"ה וב"ן בשניהם. נתחברו זה בזה, נתן אבא ב"ן שלו לאימא, ונטל מ"ה שלה לעצמו.

---

441. 'Hessed et Guevourah ont trois parties chacun.
442. Abah et Imah.

Deux *MaH* à droite – *Abah* et *Israël Saba*.
Deux *BaN* à gauche – *Imah* et *Tévounah*.

שני מ"ה בימין - אבא ויש"ס, שני ב"ן בשמאל - אימא ותבונה.

h) *ISOT*[443] comment ont-ils été constitués ? Les *Malkhout* de *Abah* et *Imah* deviennent des *Partsoufim* distincts ; la moitié de leurs *Tifeéret* et leurs *NHY*[444], s'habillent à l'intérieur d'eux[445], comme *Mo'hin*.

ח. יסו"ת כיצד? מלכותם של או"א נעשית פרצוף לעצמה, וחצי ת"ת ונה"י שלהם מלובשים מוחים בתוכם.

Abah et *Imah* sont recomplétés de là à plus haut[446]. *Abah* et *Imah* se trouvent à partir du niveau du thorax de *Arikh*, *ISOT* au niveau de son nombril.

חזרו או"א להשתלם משם ולמעלה. נמצאו: או"א כלים בחזה של א"א, יסו"ת בטבור שלו.

Abah et *Israël Saba*, *Imah* et *Tévounah*, sont parfois deux[447], et parfois un[448], lorsqu'ils s'unissent l'un à l'autre.

אבא ויש"ס אימא ותבונה - פעמים שנים, פעמים אחד - שהם מתחברים זה בזה.

---

443. *Israël Saba* et *Tévounah*.
444. De *Abah* et *Imah*.
445. *Malkhout* – *ISOT*.
446. Avec des nouveaux *NHY*.
447. *Partsoufim*.
448. *Partsouf*.

i) Les *Mo'hin* de *Z'A* sont de *Abah* et *Imah*, ils sont enveloppés dans leurs *Ké-lim*[449] ; ceci est le צלמ. Comment ?

ט. מוחין של ז"א מאו"א, מלובשים בכלים שלהם, זהו הצל"ם. כיצד ?

La *Malkhout* du supérieur est l'intériorité du *Partsouf* inférieur, les *Malkhout* de *Abah* et *Imah* sont dans *Z'A*. Ses *NHY*[450] entrent en lui, ses neuf parties[451] dans ses neuf membres [de *Z'A*] ; ceci est le צ. Ses sept premières[452] [de *Tévounah*] encerclant à l'extérieur ; ceci est son ל מ.

מלכותו של עליון פנימיות בתחתון - מלכותם של או"א בז"א. נה"י שבה נכנסים בתוכו, ט' פירקיהן בט' איבריו, זה צ'. ושבע ראשונות שלה מקיפים עליו מבחוץ - ל' מ' שלו.

j) [Quand] *Abah* et *Imah*, [sont séparés de] *ISOT* [qui] sont deux[453], *Z'A* se trouve plus bas que tous, et ses *Mo'hin* sont de *ISOT*.

י. או"א יסו"ת - שנים, ז"א למטה מכולם, מוחיו מיסו"ת.

[Quand] Leurs *Malkhout*[454] sont son צלמ, cela

מלכות שלהם צלם שלו,

---

449. De *ISOT* ou de *Abah* et *Imah* dépendant de l'état de croissance de *Z'A*.
450. De *Tévounah*.
451. *NHY* de *Tévounah* ont trois parties chacun.
452. *KHBD HGT*.
453. *ISOT* 1 et *ISOT* 2.
454. De *ISOT*.

correspond à *ISOT* 2. De leurs thorax [de *ISOT* 2] et plus bas [*NHY*], des *Mo'hin* lui sont donnés [à *Z'A*]. Des nouveaux *NHY* sont réalisés pour eux[455], étalés et descendant son arrière jusqu'au niveau de son thorax, telle une mère couvrant ses petits.

Du thorax [de *ISOT* 2] en montant[456] ; ceci est son למ, correspondant à la première croissance [*Gadlout* 1].

k) [Quand] Ils [*Abah* et *Imah* et *ISOT*] forment un, et *Z'A* est en dessous d'eux ; ses *Mo'hin* sont [directement] de *Abah* et *Imah* ; leurs *Malkhout* [de *Abah* et *Imah*] sont son צלמ, il y a donc seulement un *ISOT*.

Du thorax et plus bas[457] ; sont ses צ, le restant[458], sont

אלו יסו"ת שניים. מן החזה שלהם ולמטה ניתן לו למוחין. ונעשים כנגדם נה"י חדשים לעצמם, משתלשלים ויורדים מאחוריו עד כנגד החזה, כאם זו שרובצת על בניה.

מן החזה ולמעלה: ל' מ' שלו, זה גדלות ראשון.

יא. נעשו אחד, וז"א למטה מהם, מוחיו מאו"א, מלכות שלהם צל"ם שלו, אין כאן יסו"ת אלא אחת.

מן החזה ולמטה - צ' שלו,

---

455. ISOT.

456. Les *Sephirot* en dessus de *NHY* de *Tévounah* font son למ.

457. NHY.

458. Les *Sephirot* en dessus de *NHY*.

ses למ, correspondant à la deuxième croissance. [*Gadlout* 2]

l) L'union de *Abah* et *Imah* est permanente, par contre, celle de *ISOT* est occasionnelle. Le *Zivoug* pour la subsistance des mondes est permanent, celui des *Mo'hin* est occasionnel.

והשאר - ל׳ מ׳. הרי זה גדלות שני.

יב. זיווג של או״א תדירי, ושל יסו״ת - לפרקים. זיווג חיות העולמות - תדירי, ושל מוחים - בזמנם.

Quatrième chapitre

פרק רביעי

a) *Z'A* intègre les six extré-mités[459] du monde (de *Atsi-lout*), et *Noukvah* est sa *Malkhout*. *Arikh Anpin* plia ses jambes[460] et les juxtaposa dans son *HGT*. Les *Kélim* de *Z'A* suivirent, montèrent et les habillè-rent[461], telle qu'est leur forme dans *Arikh Anpin*, est leur forme dans *Z'A*, trois sur trois, et *Malkhout* après eux, en quatrième.

א. ז"א - שש קצוותיו של עולם, ונוק' - מלכות שלו. קפל א"א את רגליו והעלם על חג"ת שלו. עלו כליו של ז"א אחריהן והלבישום. כצורתן בא"ב צורתם בז"א - שלש על גבי שלש, ומלכות - רביעית אחריהם.

Arikh Anpin les fit monter, les clarifia, et par son *Zi-voug*[462] les fit sortir. *Abah* et *Imah* les firent monter, et les réparèrent définitive-ment ; en trois jours, qua-rante jours, trois mois et deux gestations.

נטלם א"א ובררם, והוציאם בזיווגו. נטלום או"א ותקנום לגמרי: בג' ימים, ובמ' יום, בג' חדשים, ובג' עיבורים.

b) En trois jours comment ? Ceux ci sont les trois jours d'insémination : Le premier

ב. ג' ימים כיצד? אלו ג' ימים של קליטה.

---

459. *Abah* et *Imah* étant les *Mo'hin*.
460. Son *NHY*.
461. Les *NHY* de *Arikh Anpin*.
462. Avec sa *Noukvah*.

jour *Abah* répara la droite en eux [*Z'oN*], le second jour *Imah* répara la gauche en eux, le troisième jour *Abah* donna de lui[463] dans *Imah*, et ils se joignirent l'un à l'autre [le coté droit au coté gauche].

Il y a trois *Milouyim*[464] [d'étincelles] : Le *Milouy* de *MaH* est de dix-neuf, celui de *SaG* est de trente-sept, et celui de *'AV*; quarante-six.

Pour le *Tikoun* de *Z'A*, six des dix-neuf [étincelles], entrent le premier jour, six au deuxième, et sept au troisième. Pourquoi six[465]? Car les lignes [piliers] de *Z'A* sont réparés par eux. Au troisième [jour], une de plus à cause de l'union des lumières [du pilier droit et gauche].

יום א׳: תיקן אבא את הימין שבהם. יום ב׳: אימא את השמאל שבהם. יום ג׳: נתן אבא את שלו באימא, ונתחברו אלה באלה.

ג׳ מילוים הם: מילויו של מ״ה - י״ט. ושל ס״ג - ל״ז, ושל ע״ב - מ״ו.

תיקונו של ז״א - ו׳ מי״ט נכנסים ביום ראשון, ו׳ בב׳, ז׳ בג׳. למה ו׳? שקויו של ז״א נתקנים בהם. ובשלישי אחד יותר מפני חבורם של אורות.

---

463. Ce qu'il répara.

464. Dans le sens de remplissage. Chaque nom, *'AV*, *SaG*, *MaH* moins les initiales du nom de *YKVK* (26).

465. Car ensuite, une étincelle par jour.

Trente sept [étincelles], en trente sept jours, cela fait quarante jours[466], l'enfant est formé par la lumière de Imah; quarante six [étincelles], en quarante six jours[467], comme les trois mois ou l'on peut ensuite distinguer le foetus.

ל"ז בל"ז ימים - הרי מ' יום. נוצר הולד באורה של אימא, מ"ו במ"ו ימים; כמשלוש חדשים - זמן היכרו של עובר.

c) La construction de Z'A [comprend] : Kélim, étincelles et lumières. Les Kélim qui se brisèrent, les étincelles qui descendirent, et les lumières qui partirent, [remontèrent lors de la brisure des Kélim]. Ils revinrent et se réparèrent l'une l'autre, en trois gestations[468]; de sept mois[469], de neuf mois[470]; et de douze mois[471].

ג. בנינו של ז"א - כלים וניצוצות ואורות: כלים שנשברו, ניצוצות שירדו, אורות שנסתלקו. חוזרים ונתקנים זה בזה בג' עיבורים - של ז' חדשים, ושל ט', ושל י"ב.

Imah et Tévounah s'unissent pour ne faire qu'une configuration. Aussi, il y a

אימא ותבונה מתחברים כאחד,

---

466. Avec les trois premiers.
467. Cela fait un total de 86 jours (presque 3 mois lunaires).
468. Une pour les étincelles, une pour les Kélim et une pour les lumières.
469. Pour les lumières.
470. Pour les étincelles.
471. Pour les Kélim.

trois niveaux de *Yessod* en eux : *Yessod* de *Imah*, *Yessod* de *Tévounah*, et la place de la coupe, quand elles se séparent et se divisent l'une de l'autre.

וג' מקומות של יסוד יש בהם: יסודה של אימא, ויסודה של תבונה, ומקום החתך - כשהן מתפרדות נחתכות זו מזו.

Ses *Kélim*[472] sont réparés par *Yessod* de *Tévounah*; ses étincelles à l'endroit de la coupe, ses lumières par *Yessod* de *Binah* [*Imah*]. Dans le monde ici-bas[473], il existe aussi trois sections.

נתקנים כליו ביסודה של תבונה, ניצוציו במקום החתך, אורותיו ביסודה של בינה. כנגדם למטה ג' מדורות.

d) Le corps de *Z'A* est composé de dix *Sephirot*. Sept *Sephirot*[474] furent établies en sept mois[475], et trois[476] dans les vingt quatre mois de l'allaitement ; huit mois chacune. Sept [mois] qui sont neuf, car *Da'at* se divise en *'Hassadim* et *Guevourot*.

ד. גופו של ז"א עשר ספירות. נתבררו ז' ספירות בז' חדשים, וג' ספירות בכ"ד חדשים של יניקה, ח' חדשים לאחת. ז' שהם ט', שהדעת מתחלק לחסדים וגבורות.

472. De *Z'A*.
473. Dans la femme (voir Nidah, 31, 1).
474. *Keter*, *'Hokhma*, *Binah*, *'Hessed*, Guevourah, *Tifeéret*, *Netsa'h*.
475. De la gestation.
476. *Hod*, *Yessod*, *Malkhout*.

e) Ils sont trois *Kélim*[477] :
NHY est le premier *Kéli*, [le
Kéli de] *HGT* est déposé
dans son intérieur, et [le
Kéli de] *HBD* est déposé
dans l'intérieur de *HGT*.

ה. ג' כלים הם:
נה"י כלי א', פנימי לו חג"ת,
פנימי לו חב"ד.

Il existe trois *Nechamot*[478]
en eux : *Nefech* dans *NHY*,
Roua'h dans *HGT*, *Nechama* dans *HBD*. Quand sont
ils réparés ? Pendant la gestation, l'allaitement, et [quand
ils reçoivent] les *Mo'hin*.

וג' נשמות בתוכם - נפש
בנה"י, רוח בחג"ת, נשמה
בחב"ד. אימתי הם נתקנים?
בעיבור יניקה ומוחין.

f) *NHY*[479] dans la gestation ; comment[480] ? Son
NHY[481] et son *HGT*[482] sont
son extériorité, *HBD*[483] est
Nefech en eux.

ו. כיצד נה"י בעיבור?
נה"י וחג"ת שלו - חיצוניות,
וחב"ד - נפש בתוכם.

HGT[484] [est réparé] pendant
l'allaitement ; son *NHY*[485]

חג"ת ביניקה?

---

477. Dans *Z'A*.
478. *Nefech*, *Roua'h* et *Nechama*.
479. Qui est le *Kéli* extérieur.
480. Comment sont-ils réparés ?
481. *NHY* de *NHY*.
482. *HGT* de *NHY*.
483. *HBD* de *NHY*.
484. Qui est le *Kéli* intermédiaire.
485. *NHY* de *HGT*.

et son HGT[486] sont son extériorité, et HBD[487] est Roua'h en eux.

נה"י וחג"ת: חיצוניות, וחב"ד רוח בתוכם.

HBD[488] [est réparé] à la croissance ; ceux-ci sont HGT qui montent et deviennent HBD, NHY prennent leur place [deviennent HGT], et de nouveaux NHY sont renouvelés plus bas pour eux [Z'A].

חב"ד בגדלות? אלו חג"ת שעולים ונעשים חבד", ונה"י במקומם, ונה"י אחרים מתחדשים להם למטה.

HBD descendent dans tous ; ceci correspondant à la Nechama [âme], elle contient Nefech, Roua'h, Nechama, 'Haya et Ye'hida. NRN[489] sont l'intériorité, 'Haya et Ye'hida sont leurs encerclantes, tout les Kélim sont extériorité par rapport à eux [HBD].

חב"ד יורדים בכולם, זהו נשמה, שבה נרנח"י. נר"ן - פנימים, ח"י - מקיפים להם. חזרו כל הכלים חיצוניות לגבה.

Trois composés de trois[490] : NHY HGT HBD dans

ג' של ג':
נה"י חג"ת חב"ד - בנה"י,

---

486. *HGT* de *HGT*.
487. *HBD* de *HGT*.
488. Qui est le *Kéli* intérieur.
489. *Nefech*, *Roua'h* et *Nechama*.
490. Chacun de ces trois aspects de *Kéli* a à son tour trois aspects.

NHY, [les trois aspects du *Kéli* extérieur].
NHY HGT HBD dans HGT, [les trois aspects du *Kéli* intermédiaire].
NHY HGT HBD dans HBD. [les trois aspects du *Kéli* intérieur].
NRN de la croissance, en eux tous.

נה״י חג״ת חב״ד - בחג״ת,
נה״י חג״ת חב״ד - בחב״ד.
ונר״נ של גדלות בתוך כולם.

A l'instar de l'homme : Peau, veines, os, et NRN en eux.

כנגדם באדם - בשר וגידים ועצמות, ונר״נ בתוכם.

g) [Pendant la croissance] Tous les [*Kélim* des aspects de] NHY deviennent NHY, les HGT, [deviennent] HGT, et tous les HBD [deviennent] HBD.
HBD de NHY : Os[491],
HBD de HGT : Veines,
HBD de HBD : Mo'hin,
Tel que dans le corps de l'homme[492] : Os[493], veines, cerveau, et la *Nechama* à l'intérieur de tous.

ז. כל הנה״י נעשים נה״י,
וכל חג״ת - חג״ת,
וכל חב״ד - חב״ד.
חב״ד שמנה״י - עצמות,
חב״ד מחג״ת - קרומות,
חב״ד מחב״ד - מוחין;
שכן בגופו של אדם
עצמות קרומות ומוחין,
ונשמה בתוכם.

---

491. Crâne.
492. Dans sa tête, crâne, veines et cerveau.
493. Crâne.

Les extérieurs sont les *NHY* et *HGT*, les intérieurs sont les *HBD*. Tel que pour l'homme : Corps et *Nechama*.

חזרו כל החיצוניות - נה"י וחג"ת, וכל הפנימיות - חב"ד להם. כנגדם באדם - גוף ונשמה.

Les *Kélim* se divisèrent en intérieurs et extérieurs ; la *Nechama* en eux est lumières et étincelles. De toutes ces composantes ; *Z'A* est construit.

נחלקו הכלים לפנימי וחיצון, ונשמה בתוכם - אורות וניצוצות. בנינו של ז"א משוכלל מכל אלו.

h) Il y a quatre gestations [pour *Z'A*] : Deux pour réaliser ses niveaux extérieurs[494], deux pour ses niveaux intérieurs[495] – gestation pour ses six [*Sephirot*] inférieures, et gestation pour ses *Mo'hin*.

ח. ד' עיבורים הם: ב' בחיצוניותו, וב' בפנימיותו - עיבור דו"ק, ועיבור דמוחין.

La première gestation est de douze mois, la seconde est de neuf mois ; ceci est pour ses niveaux extérieurs. De même pour ses niveaux intérieurs ; de neuf, et de sept mois.

עיבור ראשון י"ב חדשים, שני לו ט' בחיצוניות. כנגדם בפנימיות - של ט', ושל ז'.

---

494. *NHY* et *HGT*.
495. *HBD*.

ט. היניקה כ״ד חדשים.
בירורם של הי״מ. ממנה
לגדלות י״א שנה ויום א׳.
כיצד? ז׳ פרקיהם של נה״י
דתבונה בז׳ שנים, ועטרה
שלה ביום א׳, שבו יוצאים
החסדים מגולים מן החזה
ולמטה.

i) L'allaitement est de vingt quatre mois[496] afin de réparer *Hod*, *Yessod* et *Malkhout*. A partir de là, à la croissance, il faudrait onze années et un jour. Comment? Sept parties de *NHY* de *Tévounah* [rentrent dans *Z'A*] en sept ans, et sa couronne[497] en un jour. D'elle[498], sortent les *'Hassadim* révélés du thorax [de *Z'A*] et de plus bas.

יורדים ונכללים ביסוד,
וחוזרים בקוויהם מלטמה
למעלה עד שעולים בכל שש
קצותיו.

Ils [les *'Hassadim*] descendent pour se regrouper dans *Yessod*, et retournent vers le haut par leurs piliers [Netsah et *Hod*], jusqu'à ce qu'ils remontent dans toutes les six extrémités [de *Z'A*].

ה׳ גבורות יורדות אחריהן
ונמתקים ביסוד, ב׳ וחצי
בירידה, והשאר בחזירתם
של חסדים עולים ומתמתקים
אתם.

Cinq *Guevourot* descendent après eux et sont adoucies dans *Yessod*, deux et demi dans la descente, le reste; par les *'Hassadim* qui retournent vers le haut.

---

496. Huit mois chacune.
497. De *Yessod*.
498. De la couronne de *Yessod*.

Les 'Hassadim feront la croissance pour Z'A, les Guevourot la croissance pour Noukvah. La direction pour le masculin est par la droite, pour le féminin ; par la gauche.

החסדים - גידולו של זעיר. והגבורות - גידולה של נוק׳. שהנהגתו של זכר לימין, ושל נוק׳ לשמאל.

j) Les 'Hassadim retournèrent [de Yessod de Z'A] à 'Hessed et Guevourah [de Z'A], ils[499] grandirent et doublèrent [de trois tiers à six tiers], chacun est donc de six tiers, trois restèrent à leur place[500], deux montèrent de 'Hessed à 'Hokhma, deux de Guevourah à Binah, un tiers [partagé] dans chaque ['Hessed et Guevourah, monta], à la droite et à la gauche de Da'at.

י. חזרו החסדים לחסד ולגבורה, והגדילום, והם נכפלים. נמצאו כל אחד ו׳ שלישים. ג׳ נשארים במקומם, ב׳ מחסד עולים לחכמה, וב׳ מגבורה לבינה, והשלישי שבשניהם לימין ושמאל שבדעת.

Deux des tiers de Tifeéret doublèrent et devinrent quatre, deux [restèrent] à leurs places, un monta à Keter de Noukvah, un monta vers le celui qui est

נכפלו ב׳ שלישיו של ת״ת ונעשו ד׳. ב׳ למקומם, א׳ לכתר נוק׳, וא׳ עולה למכוסה, ומכפילו.

---

499. Les 'Hassadim.
500. Dans les kelim de 'Hessed et Guevourah.

caché[501] et le doubla [de taille]. Un [caché] resta à sa place, et un[502] monta avec lui[503] jusqu'au *Keter* [de *Z'A*].

נשאר א׳ במקומו,
וא׳ מעלהו עמו עד הכתר.

Deux rois [*Ze'ir Anpin* et *Noukvah*] se trouvent à partager la même couronne; *Z'A* se complète avec la sienne.

נמצאו שני מלכים משתמשים
בכתר אחד. וז״א נשלם בשלו.

La montée des *'Hassadim* vers *HBD* est de trois années, et une année pour *Keter* qui est au dessus.

עליתם של חסדים בחב״ד ג׳
שנים, ושנה, לכתר ששורה
על גביהם.

Ceci est le temps nécessaire pour les *'Hassadim* qui montent vers *Keter*. Treize ans et un jour, ceci est la croissance.

יומם של חסדים עולים לכתר.
והרי י״ג שנים ויום א׳,
זהו הגדלות.

k) Au dessus[504] de צ, il y a מ ל qui le couronnent [à *Z'A*], leur temps[505] [pour

יא. למעלה מצ׳ - ל׳ מ׳
מקיפין.

---

501. Un tiers supérieur de *Tifééret* qui est caché ou enveloppé.
502. Des tiers inférieurs découverts.
503. Un des tiers caché.
504. Au dessus de צ qui représente les *Mo'hin* intérieurs, il y a les *Mo'hin* encerclants de l'extérieur.
505. Des *Mo'hin* extérieurs.

arriver] est de deux ans, ceux ci sont de *Imah*.

זמנם שתי שנים, אלא מאימא.

Les [*Mo'hin*] intérieurs de *Abah*; trois ans [pour rentrer dans *Z'A*], et deux ans pour ses encerclants, ceci est la complétion de la barbe.

פנימים דאבא ג' שנים. וב' שנים למקיפיו, הרי זה מלוי זקן.

l) De *Tévounah* [quand *Z'A* reçoit les *Mo'hin* de lui] il y a enfance et croissance [pour *Z'A*], état premier d'enfance, et de première croissance. De même de *Imah*; deuxième état d'enfance, et deuxième de croissance.

יב. בתבונה - קטנות וגדלות: קטנות ראשונה, וגדלות ראשונה. כנגדם בא"י - קטנות וגדלות שנייה.

De la même façon[506] que le premier, est le deuxième[507], les premiers *Mo'hin* [de *Tévounah*] sont d'en bas, les deuxièmes [de *Imah*]; d'en haut[508].

כענינו בראשונה ענינו בשנייה. שמוחין הראשונים מלמטה, והשניים מלמעלה.

---

506. La rentrée, la propagation.
507. Les *Mo'hin* de *Imah*.
508. Ils sont plus haut que ceux de *Tévounah*.

Cinquième chapitre

a) L'état [premier] de Noukvah correspond à un
point; c'est la septième des
six [*Sephirot*]. Lorsque *Z'A*
monte, elle monte avec lui,
lors de la gestation, de
l'allaitement, et de la croissance.

b) [Pendant la gestation] Les
six extrémités [de *Z'A*] sont
trois sur trois[509], et *Malkhout* est quatrième après
eux, sur *Yessod* [de *Z'A*].

[Pendant l'allaitement]
NHY[510] descendirent, et
HGT[511] furent révélés.
Malkhout resta attachée à
l'arrière de *Tifeéret*.

[Pendant la croissance]
HGT montèrent et devin-
rent *HBD*, *Malkhout* monta et fut enracinée dans
Da'at[512].

פרק חמישי

א. קביעותה של נוק' - נקודה
אחת, שביעית לששה. עלה
הז"א, ועלתה אחריו בעיבור
וביניקה ובגדלות.

ב. ו"ק תלת גו תלת, והמלכות
רביעית אחריהן על היסוד.

ירדו נה"י ונתגלו חג"ת,
נשארה המלכות דבוקה
בת"ת מאחוריו.

עלו חג"ת ונעשו חב"ד, עלתה
המלכות ונשרשה בדעת.

---

509. *NHY* se replient sur *HGT*.
510. De *Z'A*.
511. De *Z'A*.
512. De *Z'A*.

c) Elle [*Noukvah*] descend [dc *Da'at*] pour être construite, sa construction est faite par les arrières de son *NHY* [de *Z'A*].

Tifeéret[513] [de *Z'A*] dans *Keter* [de *Noukvah*],

Netsa'h et *Hod* [de *Z'A*] dans *'Hokhma* et *Binah* [de *Noukvah*],

Yessod [de *Z'A*], dans *Da'at* [de *Noukvah*], entre ses épaules, celles-ci sont les premières[514] parties [de *NHY*], les autres parties[515], dans le reste de son corps [de *Noukvah*].

ג. יורדת להבנות - בנינה מנה"י שלו מאחוריהם. ת"ת בכתר, נו"ה בחו"ב, יסוד בדעת שבין כתפיה. אלו פרקים ראשונים, והשאר בשאר גופה.

Huit années pour huit parties[516], la mesure du *Yessod* masculin [de *Z'A*] est de deux parties, il aboutit à la fin de sa *Tiféeret* [de Noukvah] ; à partir de là, descendent de lui les *Guevourot* à son *Yessod* [de *Noukvah*, cela ce fait], en un jour.

ח' שנים לח' פרקיהם, שיסודו של זכר ארוך ב' פרקים. נמצא כלה בסוף ת"ת שלה, שמשם יורדות הגבורות ממנו ליסוד שלה ביום א'.

---

513. Des deux tiers inférieurs de *Tifeéret*.
514. De trois.
515. De *NHY*.
516. Trois parties chaque de *Netsa'h* et *Hod*, et deux parties de *Yessod*.

Ils [les *Guevourot*] retournent du bas vers le haut [dans *Noukvah*], de *Yessod* à *Tifééret*; une année, d'elle[517] à *Da'at*; une année, ensuite une année pour [la construction de] son *Keter*, et de *Da'at* à *Keter*; encore une année. Celles-ci sont les douze années et un jour, car la *Noukvah* précède le masculin [d'une année].

חוזרים מלמטה למעלה: מיסוד לת״ת שנה א', ממנה לדעת שנה א', שנה אחת לכתר שלה, מדעת לכתר שנה א'. אלו י״ב שנים ויום א', מדעת לכתר שנה א'. שהנוק' מקדמת לזכר.

Z'oN étaient donc attachés par leurs arrières; sur eux il est écrit:
«Tu m'a crée arrière et devant et tu poses sur moi ta main» (Tehilim, 139, 5).

נמצאו דו״נ מדובקים מאחוריהם, ועליהם הוא אומר (תהלים קלט, ה): "אחר וקדם צרתני".

d) *Imah*[518] sort de *Z'A*, ses *Mo'hin* [de *Z'A*] sont contenus en elle [dans *NHY* de *Imah*], et les *NHY* de *Abah* sont aussi habillés en elle [dans *NHY* de *Imah*].

ד. יוצאת אימא מז״א, ומוחיו בתוכה. ונה״י אבא מלובשים בה.

Ils pénètrent[519] pour construire *Noukvah*; elle est

נכנסים ובונים את הנוק' מתוקנת על ידיהם.

---

517. De *Tifééret*.
518. Les *NHY* de *Imah*.
519. Dans le *Noukvah*.

apaisée[520] par eux. 'Hessed [de Imah] se diffuse dans Z'A, qui expulse les Guevourot par ses arrières, elles sont données par leur intermédiaire[521] à Noukvah, et elle se détache de lui.

Noukvah est construite de la gauche[522], et Z'A de la droite[523]. Ils se retrouvent face à face, et Noukvah est alors construite[524] devant lui.

Sur eux il est écrit : « L'Eternel-D.ieu constitua en une femme la côte qu'Il avait prise à l'homme, et Il la présenta à l'homme. » (Berechit, 2, 22).

e) La construction d'un Partsouf se fait avec les vingt deux lettres. Vingt deux lettres sont données par Z'A à Noukvah, et elles

וחסד נמשך לז"א שדוחה הגבורות שבאחוריו, וניתנים על ידיהם לנוק', וננסרה ממנו.

נמצא:
נוק' בנויה לשמאל, וז"א לימין. חוזרים זה כנגד זה ונבנית לפניו.

עליהם הוא אומר (בראשית ב, כב):
"ויבן ה' אלהים את הצלע ויביאה אל האדם".

ה. בנינו של פרצוף בכ"ב אותיות. כ"ב אותיות לנוק' מז"א,

---

520. Les Guevourot données par eux, sont plus adoucies que ceux données par Z'A.
521. Les arrières de Z'A.
522. De l'aspect des Guevourot.
523. De l'aspect des 'Hassadim.
524. Etant maintenant séparée.

נכללים ביסודה, ומנצפ"ך גבורות מ"ן בתוכם.

s'intègrent dans son Yessod[525], ainsi que [les cinq lettres finales] מנצפך correspondant aux Guevourot et contenant M'N[526].

וכ"ב אחרות ניתנות לה מאימא שלא על ידו, ומנצפ"ך מ"ן בתוכם.

Vingt-deux autres lettres lui sont données [à Noukvah] par Imah, mais non par le biais de Z'A, ainsi que מנצפך contenant M'N[527].

כ"ב אותיות דלת וציר נמצאו שתי דלתות ושני צירים שהם ם אחת, זה הכלי.

Les vingt deux lettres [font un] Dalet (ד) avec un axe ; ך. Ils sont deux[528] Dalets avec deux axes qui forment un ם ; ceci est le Kéli.

כ"ב אותיות מאימא נכללים כאחד, חודש לכ"ב אותיות, וה' חדשים לה' של מנצפ"ך - ששה חדשים שבין נערות לבגרות.

Vingt deux lettres de Imah sont comme une[529] ; un mois pour les vingt deux lettres, et cinq mois pour les cinq מנצפך ; cela fait six mois correspondant à la période entre la jeune fille et la puberté.

---

525. De Noukvah.
526. Maim Noukvin.
527. Maim Noukvin.
528. Un de Z'A et un de Imah.

f) Il y a un rideau qui sépare un monde de l'autre ; de ce rideau, sortent les *Sephirot* du monde inférieur, à partir des dix *Sephirot* du monde supérieur.

Tous les mondes sont égaux[530], mais la quintessence du plus haut est supérieure.

ו. ופרגוד בין עולם לעולם, שממנו יוצאין עשר ספירות של תחתון מעשר ספירות של עליון. כל העולמות שווים, אלא שכחם של עליונים יפה.

Beriah sortit[531], les êtres séparés commencèrent[532]. Les *Nechamot* des *Tsadikim* procèdent de *Beriah* ; en dessous de lui se trouve *Yetsirah* ; de là sortent les anges, en-dessous de lui se trouve *'Assiah* ; de là émerge le monde matériel.

יצתה בריאה, התחילו הנפרדים. נשמותיהם של צדיקים מבריאה, למטה ממנו יצירה, שמשם מלאכים. למטה ממנה עשיה, שמשם גשמים.

L'ensemble des mondes est de quatre ; sur eux les quatre lettres du Nom[533] *B'H*, y gouvernent. י dans *Atsilout* ; par lui tous les degrés réparés sont mis en ordre.

כללם של עולמות ד', שבהם שולטים ד' אותיות של השם ב"ה. י' באצילות, שבו כל מדרגותיו נסדרות בתיקונם.

---

529. Comme une seule lettre ayant la forme de *Dalet* (ד).
530. Tous contiennent 10 *Sephirot* et cinq *Partsoufim*.
531. A partir du monde de *Atsilout*.
532. Vinrent à exister.
533. יקוק.

ה descend de *Atsilout* vers *Beriah*, et le gouverne. ו sur *Yetsirah*, et ה sur *'Assiah*.

En parallèle (à ces quatre mondes), il existe dans ce monde : דומם, (minéral), צומח (végétal), חי (animal), מדבר (l'homme), comme il est écrit :
« Tous se réclament de Mon Nom, tous pour Ma gloire, Je les ai créés, formés et faits. » (Isaïe, 43, 7).

וה' יורדת ממנו לבריאה, ומנהיגתה; ו' ליצירה; ה' לעשיה.

כנגדם בעולם - דצח"ם.

וכן הוא אומר (ישעיה מג, ז):

"כל הנקרא בשמי ולכבודי בראתיו יצרתיו אף עשיתיו".

Sixième chapitre

a) L'abondance du monde procède du *Zivoug* de *Z'oN*. Il y a cinq *Zivougim* : Israël et Ra'hel, Ya'akov et Ra'hel, Israël et Leah, Ya'akov et Leah du thorax vers l'amont, Ya'akov et Leah du thorax vers l'aval.

b) *M'D*[534] et *M'N*[535], sont l'essentiel du *Zivoug*. *M'N* procède du féminin, et *M'D* du masculin. Il n'y a pas de *M'D* sans *M'N*, et pas de *M'N* sans désir, comme il est écrit :
« Et ton désir sera vers ton mari. » (Berechit, 3, 16).

c) [Dans le *Tikoun*] Noukvah inclue en elle ses ramifications[536], et se pare de ses bijoux[537]. Tous les mondes. *Beriah*, *Yetsirah* et *'Assiah* forment le *Tikoun*[538] de

פרק ששי

א. שפעו של עולם מזיווגם
של זו״נ. ה׳ זיווגים הם.
ישראל ורחל, יעקב ורחל,
ישראל ולאה, יעקב ולאה מן
החזה ולמעלה, יעקב ולאה
אף מן החזה ולמטה.

ב. מ״ד ומ״ן - זה גופו של
זיווג. מ״ן מן הנקבה ומ״ד מן
הזכר. אין מ״ד בלא מ״נ. ואין
מ״ן בלא תשוקה.
הוא שהכתוב אומר (בראשית
ג, טז):
"ואל אישך תשוקתך".

ג. נכללת נוקבא בענפיה,
ומתקשטת בקישוטיה. כל
העולמות בי״ע - תיקוניה
של נוק׳.

---

534. *Mayim Doukhrin* (eaux masculines).
535. *Mayim Noukvin* (eaux féminines).
536. Les mondes de *Beriah*, *Yetsirah* et *'Assiah*.
537. Les *Heikhalot*.
538. Elle n'est complète que lorsque ses branches se rattachent à elle.

Noukvah. Elle motive *Z'A* pour s'attacher et s'unir à elle, par une première et une seconde union.

מתעוררת לז"א להתחבר עמו, ומזדווג עמה - ביאה ראשונה וביאה שניה.

d) Sur la première union il est dit :
« Une femme est un récipient non fini et ne se lie par serment qu'avec celui qui la rend *Kéli* » (Sanhedrin 22.b).
Il [*Z'A*] insuffle alors un *Roua'h* en elle[539] ; ceci correspond à Benyamin – *BaN*, par lui[540], elle souléve ses enfants[541], ceux-ci correspondant aux *Nechamot* des *Tsadikim.* D'elle, [*Noukvah*] des lumières jaillissent pour la direction des mondes ; ce sont les lumières de *BaN*.

ד. ביאה ראשונה -
זהו שאמרו (סנהדרין כב:):
"האשה גולם היא ואינה כורתת ברית אלא למי שעשאה כלי".
נותן רוח בתוכה, זה בנימין - ב"ן, שבו מעלה בניה למעלה - אלו נשמותיהן של צדיקים. ואורות מאירים ממנה להנהגתו של עולם, אלו אורות של ב"ן.

Toutes les ramifications de *BaN* dépendent d'elle [*Noukvah*] ; de ses 613 membres elle les attire[542] ;

כל תולדותיו של ב"ן תלוים בה, ומתרי"ג איבריה היא ממשיכתם,

---

539. *Noukvah.*
540. *BaN.*
541. Les *Nechamot* qui tombèrent lors de la brisure des *Kélim.*
542. Le renouveau des lumières de *BaN.*

le renouveau [des lumières] provient du *E'S, B'H*, qui régénère [leurs forces] en eux [par une émanation spéciale]; ceux-ci sont les *M'N*.

Dans la seconde union, *M'D* descendent à leur égard [de *M'N*], à partir du *Yessod* masculin; ceux-ci correspondant aux lumières de *MaH* et toutes les ramifications de *MaH*, dépendent de lui [*Z'A*]. De ses 613 membres il les attire; le renouveau [des lumières] provient du *E'S, B'H*, qui régénère [leurs forces] en eux [par une émanation spéciale].

Tout [*M'N* et *M'D*] descend dans son *Yessod* [de Noukvah], y reste pour le temps de la gestation, sort et se[543] partage dans tous les mondes.

מחידושו של א״ס ב״ה שהוא
מחדש בהם, אלו מ״ן.

ביאה שניה - יורדים כנגדן
מ״ד מיסודו של זכר; אלו
אורות של מ״ה, וכל תולדותיו
של מ״ה תלוים בו. מתרי״ג
איבריו הוא ממשיכם,
מחידושו של א״ס שהוא
מחדש בהם.

יורד הכל ביסודה, ויושב שם
זמן עיבורו. יוצא ומתחלק
לכל העולמות.

---

543. L'abondance.

e) *MaH* et *BaN* sont le fondement de tous les créés[544]. Par eux[545], se manifestent les actions du *E'S, B'H*; l'Emanant[546] et de ceux qui recoivent[547]. Ils[548] sont regénérés par le *Zivoug* de *Z'oN*, *MaH* procédant du masculin, et *BaN* du féminin.

ה. מ"ה וב"ן - בנינם של כל הנבראים. שבהם נראים מעשיו של א"ס ב"ה במשפיע ומקבל, מתחדשים בזיווגם של זו"נ. מ"ה מן הזכר, וב"ן מן הנקבה.

f) Il y a deux unions dans le *Zivoug* : Les baisers[549], et les *Yessodot*[550]. Les baisers sont par la tête, leur *Zivoug* est double, le *Roua'h* du masculin est dans la bouche du féminin et le *Roua'h* du féminin, dans la bouche du masculin. Il y a donc deux *Rou'hot* unifiées en une. Le *Zivoug* des *Yessodo*t vient après l'union[551] [des baisers], ensuite le masculin influe sur le féminin, et le féminin sur le monde.

ו. ב' חיבורים לזיווג - נשיקין ויסודות. נשיקין בראש, זיווגם כפול - רוחו של זכר בפיה של נקבה ורוחה של נקבה בפיו של זכר. נמצאו שתי רוחות מתחברים כאחד. זיווגם של יסודות, אחר שנתחברו, משפיע הזכר לנקבה והנקבה לעולם.

---

544. Tout est composé des deux.

545. *MaH* et *BaN*.

546. Ses émanations sont de l'aspect de *MaH*.

547. Les receveurs sont de l'aspect de *BaN*.

548. *MaH* et *BaN*.

549. Pour attacher l'intériorité du masculin avec celle du féminin.

550. Pour attacher l'extériorité du masculin avec celle du féminin.

551. Des *Yessodo*t.

Septième chapitre

a) L'ensemble des *Partsou-fim* est de douze[552], le reste[553], émane d'eux.
Arikh Anpin et sa *Noukvah*,
Abah et *Imah*,
les premiers *ISOT*[554],
les deuxièmes *ISOT*,
Israël et Ra'hel,
Ya'akov et Leah.
Ceux-ci s'habillant dans ceux-là[555].

b) Le [*Partsouf* le] plus sublime parmi tous, est *Arikh Anpin* et sa *Noukvah*. Ils forment ensemble un unique *Partsouf*, le masculin à droite, le féminin à gauche.

Sur ses bras[556], se trouvent *Abah* et *Imah*, *Abah* à droite et *Imah* à gauche. Il y a trois parties dans le bras :

פרק שביעי

א. כללם של פרצופים י״ב,
והשאר מתפשטים מהם : א״א
ונוקביה, או״א, יסו״ת
ראשונים, יסו״ת שניים,
ישראל ורחל, יעקב ולאה,
מתלבשים אלו בתוך אלו.

ב. פנימים מכולם - א״א
ונוקביה, פרצוף אחד הם,
שהזכר בימין והנקבה
בשמאל.

ועל זרועותיו - אבא לימין אי׳
לשמאל. ג׳ פרקין בזרוע:

---

552. A part le *Partsouf 'Atik Yomin.*
553. D'autres lumières qui ne sont pas des *Partsoufim* complets (voir chap. 7 - e).
554. *Israël Saba* et *Tévounah.*
555. Le *Partsouf* supérieur s'habillant dans celui qui lui est inférieur, afin de le diriger.
556. De *Arikh Anpin.*

La première [partie du bras de *Arikh*] correspond à *HBD* [de *Abah* et *Imah*],
la deuxième à *HGT* [de *Abah* et *Imah*],
la troisième à *NHY* [de *Abah* et *Imah*] ;
leurs *Keter* [de *Abah* et *Imah*], sont positionés dans la gorge [*Binah* de *Arikh Anpin*], et ils[557] s'étendent jusqu'à son nombril[558]. Son corps[559] est donc recouvert par eux [*Abah* et *Imah*] jusqu'au nombril ; une moitié par *Abah*, et l'autre par *Imah*.

c) *ISOT* [se trouvent] à partir des thorax de *Abah* et *Imah*, et s'épanchent vers le bas. Leurs *Keter* sont dans les thorax [de *Abah* et *Imah*], le reste de leurs corps [de *ISOT*], sont dans les parties de *NHY* [de *Abah* et *Imah*].

הראשון בחב"ד, השני בחג"ת, השלישי בנה"י. וכתרם בגרונו. ומיגיעם עד טבורו. נמצא גופו עד הטבור מכוסה תחתיהן, חציו מאבא וחציו מאימא.

ג. יסו"ת מחזיהם של או"א ולמטה. כתרם בחזה, ושאר כל גופם בפרקיהם של נה"י.

---

557. *Abah* et *Imah*.

558. De *Arikh Anpin* (Jusqu'au deuxième tiers de *Tifeéret* – nombril).

559. De *Arikh Anpin*.

De leur thorax [de *ISOT*], *ISOT* 2 suit dans le même arrangement. *Abah* et *Imah* s'épanchent jusqu'au thorax[560] de *Arikh Anpin*, et *ISOT* jusqu'à son nombril [de *Arikh Anpin*].

מחזה שלהם יסו"ת שניים כסדר הזה.
נמצאו:
או"א כלים בחזה של א"א, ויסו"ת בטבורו.

Quand ils [*NHY* de *ISOT*] rentrent dans *Z'A*, ils déploient leurs jambes [*NHY*] dans son intérieur, et arrivent avec lui jusqu'à l'extrémité [infèrieure] du monde [de *Atsilout*].

כשבאים בז"א - מתארכים רגליהם בתוכו. ומגיעים עמו עד סוף העולם.

d) *Z'A* [commence à partir] des thorax de *ISOT*, et plus bas. Ils[561] s'habillent l'un dans l'autre, et dans lui [*Z'A*].

ד. ז"א מחזיהם של יסו"ת ולמטה, מתלבשים זה בזה, ומתלבשים בתוכו.

Ra'hel [commence à partir] de son thorax [à *Z'A*] et plus bas, elle est parfois dos à dos, et parfois face à face [avec *Z'A*]. Le *Yessod* des

ורחל מחזה שלו ולמטה, פעמים אב"א ופעמים פב"פ.

---

560. Jusqu'au premier tiers de Tiféeret et non le deuxième comme plus haut, car de nouveaux *NHY* sont réalisés pour eux lorsque les premiers *NHY* deviennent les Mo'hin de *Z'A*.

561. *Israël Saba* dans *Tévounah*.

féminins est [long] d'une partie et demie, celui des masculins ; de deux parties.

יסוד של נקבות פרק וחצי, ושל זכרים שני פרקים.

Le *Yessod* de *Abah* sort[562] donc du *Yessod* de *Imah*, à l'intérieur de *Z'A*, du thorax[563] jusqu'au *Yessod* [de *Z'A*].

נמצא יסודו של אבא יוצא מיסוד אי' בתוכו של ז"א מן החזה עד היסוד,

C'est de lui [à partir d'une illumination de *Yessod* de *Abah*], que Ya'akov sort du thorax de *Z'A* et plus bas, au devant de lui. La face de *Z'A* au dos de Ya'akov, parfois il [Ya'akov] vient à son côté, sa face [de Ya'akov] devant Ra'hel. Ceux-ci sont les arrières [*NHY*] de *Abah*, qui font un *Partsouf* [Ya'akov] avec la lumière de son *Yessod* [de *Abah*].

שממנו יוצא יעקב מחזהו של ז"א ולמטה לפניו, פני ז"א באחוריו של יעקב ; ופעמים שהוא בא לצדו, פניו בפני רחל. אלו אחוריים של אבא שנעשים פרצוף באור יסודו.

Les arrières [*NHY*] de *Imah*, [se prolongent] du thorax de *Z'A* en amont, et font un *Partsouf* avec la lumière de son *Yessod* [de

אחוריים של אי' מן החזה של ז"א ולמעלה נעשים פרצוף באור יסודה -

---

562. Dépasse.
563. *Tifeéret* de *Z'A*.

Imah]; il s'agit de Leah, [elle commence à partir] de Da'at jusqu'au thorax [de Z'A], [elle se trouve] à l'arrière de Z'A, sa face [de Leah] est orientée vers son dos [de Z'A].

זו לאה, מן הדעת עד החזה, מאחוריו של ז"א, פניה באחוריו.

e) A l'arrière de Ya'akov, entre lui et Z'A, se trouve Leah D'hM[564] [דור המדבר], qui est sa Noukvah.

ה. מאחוריו של יעקב בינו ובין ז"א - לאה דור המדבר, נוק' שלו.

Des deux côtés de Z'A, [il y a] deux lumières en diagonal : Les Nuées Majestueuses à sa droite, et la Manne à sa gauche.

מב' צדדיו של ז"א שני אורות באלכסון - ענני כבוד לימינו, ומן לשמאלו.

Des deux côtés de Leah D'hM, [il y a] deux lumières : Le Sceptre de Elokim, et le Sceptre de Moché.

מב' צדדיה של לאה דור המדבר - שני אורות: מטה האלהים, ומטה משה.

Des deux côtés de Ya'akov, [il y a] deux lumières : 'Erev Rav[565] à sa droite, et Essav à sa gauche.

ומב' צדדיו של יעקב - שני אורות: ערב רב לימינו, ועשו לשמאלו.

---

564. *Partsouf* Leah.
565. Les nations qui se mélangèrent au peuple d'Israël, lors de la sortie d'Egypte.

Trois lignes de trois et trois.
Quand Ra'hel est dos à dos ;
ils se tiennent de cette façon[566].

f) [Il y a] Dix huit [aspects de]
Leah, elles proviennent des
Malkhout de *Abah* et *Imah*.
Comment ?
Malkhout de *Abah* est à sa
place[567], et *Malkhout* de
Imah est à l'extérieur
d'elle[568] ; cette situation a
engendré deux [aspects de
Leah].
Malkhout de *Abah* jaillit de
Malkhout de *Imah*, et éclaire
à l'extérieur d'elle ; cela a
engendré trois [aspects de
Leah].
Malkhout de *Imah* jaillit vers
l'extérieur et sort ; elle jaillit
du corps de *Z'A*, et éclaire en
dehors de lui ; cela a engendré
quatre [aspects de Leah].

La plus importante parmi
toutes [les Leah], est celle qui

נמצאו ג' שורות של ג' ג'.
כשרחל אב"א עומדים כסדר
הזה.

ו. י"ח לאה הם ממלכיותיהם
של או"א.
כיצד ?
מלכות אבא במקומה ומלכות
אימא חוצה לה,
הרי ב'.
מלכותו של אבא בוקע
מלכותה של אי' ומאירה
חוצה לה,
הרי ג.
מלכותה של אי' בוקעת
ויוצאה, בוקעת גופו של ז"א
ומאירה חוצה לו,
הרי ד'.

עיקר שבכולם זו שבחוץ,

---

566. Tel que décrit plus haut.
567. Dans *Malkhout* de *Imah*.
568. De *Malkhout* de *Abah*.

est à l'extérieur ; le reste[569], lui est subordonné.

g) Des quatre *Mo'hin* de croissance, et des quatre *Mo'hin* de l'enfance [de *Z'A*], cela fait huit [aspects de Leah, qui sortent des *Malkhouts* de *Abah* et *Imah*, pendant l'enfance et la croissance de *Z'A*].

Ceux[570] de la croissance commencent à entrer, ceux de l'enfance n'ont pas fini de sortir ; cela fait huit [aspects de Leah] de plus.

Deux autres [aspects de Leah] s'ajoutent à eux, une de l'enfance et une de la croissance, à cause de la multiplication des lumières.

Celles-ci sont les dix huit épouses qui sont permises au roi.

h) Au dessus de tous les *Partsoufim*, se trouve 'Atik ; c'est la *Malkhout* de *Adam Kadmon* qui devient 'Atik

והשאר טפלות לה.

ז. ד' מוחין דגדלות וד' מוחין דקטנות,
הרי ח'.
התחילו של גדלות ליכנס, ולא גמרו של קטנות לצאת, הרי ח' אחרות. ושתים אחרות נוספות עליהם - א' מקטנות א' מגדלות, מפני ריבוים של אורות. אלו י"ח נשים שהמלך מותר בהם.

ח. למעלה מן הפרצופים עתיק, זו מלכותו של א"ק שנעשית עתיק באצילות.

---

569. Les autres aspects de Leah.
570. Les *Mo'hin*.

dans *Atsilout*[571]. Il en est ainsi dans *Beriah*, pour la *Malkhout* de *Atsilout*, ainsi que dans *Yetsirah*[572] et *'Assiah*[573].

'Atik est masculin et féminin; son aspect masculin s'exprime par la face, et le féminin par le dos. Les [trois] premières [*Sephirot*] de *Noukvah* [de *'Atik*] se trouvent au-dessus de *Atsilout*; ceci est la *Radl'a*[574]. Les [sept] *Sephirot* inférieures[575] s'habillent dans *Arikh Anpin* :
'Hessed [de *'Atik*] dans *Keter* [de *Arikh Anpin*],
Guevourah dans *'Hokhma*,
Tifeéret dans *Binah*,
les premières parties de *NHY* [de *'Atik*] dans *HGT*,
les secondes [parties de *NHY*] dans *NHY*,
les troisièmes [parties] de *Netsa'h* et *Hod*, et aussi

כנגד זה בבריאה - ממלכותה
של אציל ות; וכן יצירה, וכן
עשיה.

עתיק - דכר ונוקבא, זכר
בפניו ונוק' באחוריו.
ראשונות של נוק' למעלה
מאצילות, זו רדל"א.
תחתונות שבה מתלבשים
בא"א: חסד בכתר, גבורה
בחכמה, ת"ת בבינה, פרקים
ראשונים של נה"י בחג"ת,
ושניים בנה"י, ושלישים
שבנו"ה ומלכות עמהם -
במלכות.

---

571. Qui devient *'Atik* dans *Beriah*.
572. La *Malkhout* de *Beriah* devient *'Atik* de *Yetsirah*.
573. La *Malkhout* de *Yetsirah* devient *'Atik* de *'Assiah*.
574. La « tête inconnue ».
575. De *Noukvah* de *'Atik*.

Malkhout [de *'Atik*] dans
Malkhout [de *Arikh Anpin*].
De là, ils sortent et éclairent
dans tous les autres mondes.

יוצאים ומאירים בכל שאר
העולמות.

Huitième chapitre

פרק שמיני

א. תלת רישין בעתיקא:
רישא דלא אתידע, גלגלתא,
ומוחא. ב׳ נעשים ג׳ : גלגלתא
אוירא ומוחא ; דעתו של עתיק
גנוז באוירא. באלו מתנהגים
כל העולמות בחסד בדין
וברחמים.

a) [Il y a] Trois têtes dans 'Atika[576] [Arikh Anpin] : Radl'a, Goulgolta, et Mo'ha[577]. Deux qui font trois[578] : Goulgolta, Avirah, et Mo'ha; Da'at de 'Atik est caché dans Avirah. Par elles[579], sont dirigés tous les mondes; par la bonté, la justice, et la miséricorde.

ב. פנימיותן של רישין -
הוי״ה, החצוניות - אהי״ה.
הראשונים דע״ב ואהי״ה שלו,
השניים דס״ג, השלישיים
דמ״ה.

b) L'intériorité des têtes[580] – הוי״ה, l'extériorité – אהי״ה. Les premières[581] [sont de l'aspect] de ע״ב et son אהי״ה, les secondes[582] [sont de l'aspect] de ס״ג, les troisièmes[583] [sont de l'aspect] de מ״ה.

---

576. Dans les deux Adarot de Rabbi Chimon Bar Yohai, Arikh Anpin est appelé 'Atika.

577. Dans la première Atsilout.

578. Dans la deuxième Atsilout.

579. Les trois têtes.

580. Est de l'aspect du nom de הוי״ה.

581. Les trois premières הוי״ה qui sont dans la première tête ; Goulgolta – Keter.

582. Les trois premières הוי״ה qui sont dans la deuxième tête ; Avirah.

583. Les trois premières הוי״ה qui sont dans la troisième tête ; Mo'ha – 'Hokhma.

Il existe [trois degrés de lumières] : Intériorité, encerclant [Makif], et encerclant de l'encerclant [Makif de Makif], pour chacune [des têtes].

פנימי ומקיף ומקיף דמקיף בכל אחת ואחת.

Ils se différencient par leurs Nekoudot[584] :
Les premières lettres ont les voyelles telles que prononcées – intériorité
Le Milouy[585] a les voyelles telles que prononcées – encerclant
Le Milouy a Kamatz comme voyelle, et les premières lettres ont des voyelles telles que prononcées – encerclant de encerclant. Ceci est la première tête [Goulgolta].

במה הם מתפרשים?
בנקודיהם. מנוקד הפשוט בתנועותיו - זה פנימי; מנוקד המלוי כפשוטו, זה המקיף; מנוקד המלוי כולו קמץ, והפשוט בתנועותיו - זה מקיף דמקיף, זה הראש הראשון.

Les premières lettres ont les voyelles telles que prononcées, Segol au lieu de Tséré. Le Milouy a les voyelles telles que prononcées.
Le Milouy a Kamatz comme voyelle. Ceci est la deuxième tête [Avirah].

מנוקד הפשוט בתנועותיו, מקום צירי סגול; מנוקד תמלוי כפשוטו מנוקד המלוי כולו קמץ - זה הראש השני.

---

584. Voyelles.

585. Les lettres qu'on ajoute aux lettres du Tétagramme pour épeler chaque lettre individuellement.

Les premières lettres ont les voyelles telles que prononcées, au lieu de *Tséré*, *Segol*, et au lieu de *Kamatz*, *Pata'h*. Le *Milouy* a les voyelles telles que prononcées.

Le *Milouy* a *Pata'h* comme voyelle. Ceci est la troisième tête [*Mo'ha Stimaah*].

c) [Il y a] Sept *Tikounim* de la tête [de *Arikh Anpin*], qui se révèlent à partir des sept [*Sephirot* inférieures] de *'Atik*, leur acrostiche est : ג"ט קר"ע פ"ח

De *'Hessed* de *'Atik* sera constitué – גלגלתא לבנה (*Goulgolta Levanah*) de *Arikh*.

De sa *Guevourah* sera constitué – טלא דבדלוחא (*Tela Debadlou'ha*) de *Arikh*.

De sa *Tifeéret* sera constitué – קרומא דאוירא (*Kroma Deavira*) de *Arikh*.

De son *Yessod* sera constitué – רעוא דמצחא (*Ra'va Demits'ha*) de *Arikh*.

Des premières parties de *Netsa'h* et *Hod* qui se trouvent plus haut que *Yessod*, sera constitué – עמר נקי (*'Amer Naki*) de *Arikh*.

מנוקד הפשוט בתנועותיו, מקום צירי סגול ומקום קמץ פתח; מנוקד המלוי כפשוטו; מנוקד המלוי כולו פתח - זה הראש השלישי.

ג. שבעה תיקוני רישא משבעה של עתיק, סימנם: ג"ט קר"ע פ"ח. גלגלתא לבנה - מחסדו של עתיק. טלא דבדולחא - מגבורה שלו. קרומא דאוירא - מת"ת שלו. רעוא דמצחא - מיסוד שלו. עמר נקי - מראשיתם של נו"ה, שהם גבוהים מן היסוד.

Des dernières parties[586] sera constitué –
דעינין פקיחו (*Peki'hou De'ainin*) de *Arikh*.
De *Malkhout* sera constitué – חוטמא, (*'Hotma*)
Leah et Ra'hel – שני נחירים (*Chéné Ne'hirim*) de *Arikh*.

פקיחו דעיינין מסופם.

חוטמא - ממלכות.

ב' נחירים - לאה ורחל.

d) Les [autres] *Tikounim* de *Arikh Anpin* :
נימין[587], חיורתי[588], דיקנא[589] (*Dikna, 'Hivarti, Nimin*)
[Il y a] Trois הוי"ה dans chaque tête [de *Arikh Anpin*], et une[590] les contenant toutes. Trois הוי"ה [forment ensemble] douze lettres, et une[591] les contenant toutes – treize.
Treize חיורתי des trois [הוי"ה], dans *Keter*, leur place est entre les treize נימין – entre chaque נימא.
Treize נימין des trois [הוי"ה], dans *Avirah*.

ד. תיקוניו של א"א:

נימין, חיורתי, ודיקנא.

שלש הויות בכל ראש

ואחת כוללת אותם.

שלש הויות י"ב אותיות,

ואחר שקוללתן, הרי י"ג.

י"ג חיורתי - משלש שבכתר,

מקומם בין י"ג נימין, בין

נימא לנימא.

י"ג נימין משלש שבאוירא.

---

586. De *Netsa'h* et *Hod*.
587. La barbe.
588. Le blanc sur le crâne entre les cheuveux.
589. Les extrémités des cheveux de la tête.
590. Une הוי"ה de plus dans chaque tête, qui contient les trois autres.
591. La הוי"ה de plus est comptée comme une seule lettre.

Treize *Tikounim* de דיקנא des trois [הוי״ה], dans *'Hokhma*.

י״ג תיקוני דיקנא משלש שבחכמה.

e) [Il y a] Treize *Tikounim* de דיקנא [de *Arikh Anpin*] :
אל רחום וכו׳ ;
מי אל כמוך נושא עון וכו׳.
Premier *Tikoun* :
– Les deux Peot[592]

ה. י״ג תיקוני דיקנא:
אל רחום וכו׳ ;
מי אל כמוך נושא עון וכו׳.
תיקון א׳: ב׳ פאות.

Second *Tikoun* :
– Les poils sur la lèvre supérieure.

תיקון ב׳: שערות שבשפה עליונה.

Troisième *Tikoun* :
– L'espace vacant en dessous du nez.

תיקון ג׳: אורח תחות חוטמא.

Quatrième *Tikoun* :
– Les poils sur la lèvre inférieure.

תיקון ד׳: שבשפה התחתונה.

Cinquième *Tikoun* :
– L'espace en dessous de la bouche.

תיקון ה׳: אורח תחות פומא.

Sixième *Tikoun* :
– La largeur de la barbe.

תיקון ו׳: רחבה של זקן.

Septième *Tikoun* :
– Les deux cotés supérieurs des joues.

תיקון ז׳: שני תפוחים שנפנו.

Huitième *Tikoun* :
– [La barbe sur] Le dessus du menton (*Mazal Notser*).

תיקון ח׳: שטח עליון - מזל נוצר.

---

592. Cheveux de chaque côté de la face.

Neuvième *Tikoun* :
– Les poils entre le haut et le bas du menton.
Dixième *Tikoun* :
– Les poils sur la gorge.
Onzième *Tikoun* :
Ils sont tous égaux.
Douzième *Tikoun* :
– La bouche libre.
Treizième *Tikoun* :
– [La barbe en dessous] Le menton inférieur (*Mazal Naké*).
La longueur des *Mazalot* est jusqu'au nombril[593].

f) Les *Tikounim* de *Z'A* : צל"ם
צ – *Mo'hin* intérieurs,
ל-מ, *Mo'hin* encerclants.
Quand ils sortirent, ils étaient quatre[594]; cela correspond au מ.
[Ils deviennent] Trois[595] [lorsqu'ils] retournèrent au *Kéli* de *Imah*; cela correspond au ל.

תיקון ט': שערות שבין מזל למזל.
תיקון י': שערות הגרון.

תיקון י"א: שכולם שוין.

תיקון י"ב: פה פנוי.

תיקון י"ג: שטח תחתון - מזל ונקה.

שיעורם של מזלות עד הטבור.

ו. תיקוניו של ז"א: צל"ם.
צ' - מוחין פנימים,
ל' מ' - מקיפין שבו.
שבשעה שיצאו היו ד', זה מ' שלו.

חזרו שלשה בכליה של אי', זה ל'.

593. Là où se trouve la tête de *Z'A*.
594. 'Hokhma et Binah, 'Hassadim et Guevourot.
595. 'Hokhma et Binah, 'Hassadim et Guevourot se réunirent en un.

Neuf[596] [*Mo'hin*] s'intègrent en lui ; cela correspond au צ.
Lorsqu'ils sont quatre[597] [ils sortent à partir de] *KHBD* de *Imah*[598], lorsqu'ils sont trois [ils sortent à partir de] *HGT*[599], et lorsqu'ils sont neuf [ils procèdent de] *NHY*[600].

וט׳ נעשו בגופו, זה צ׳.
של ד׳ בכחב״ד דאימא,
של ג׳ בחג״ת,
של ט׳ בנה״י.

g) De *Z'A* procèdent les נימין[601], חיורתי[602], דיקנא[603]
De *Arikh Anpin* – treize [*Tikounim*].
De *Z'A* sortent neuf [*Tikounim*], quand son *Tikoun* [de *Z'A*] est complet ; ils deviennent treize.

ז. נימין חיורתי ודיקנא בז״א.
של א״א - י״ג,
של ז״א - ט׳.
כשנשלם תיקונו נשלמים לי״ג.

h) Du front de *Z'A*, jaillissent, et sortent des quatre *Mo'hin*[604] – les quatre *Parachiot* des *Téfilin*. Leurs habillements sont leurs boîtes.

ח. במצחו של ז״א
בוקעים ויוצאים מד׳ מוחין
ד׳ פרשיות של תפילין,
ומלבושיהם - בתים שלהם.

---

596. Les *NHY* de *Tévounah* s'épanchent dans lui en neuf degrés.
597. L'empreinte des quatre premiers mohin.
598. Dans *Tévounah* 2, qui feront ses *Mo'hin* encerclants d'encerclants.
599. De *Tévounah* 2, qui feront ses *Mo'hin* encerclants.
600. De *Tévounah* 2, qui feront ses *Mo'hin* intérieurs.
601. Barbe.
602. Les parties blanches entre les cheveux.
603. Les extrémités des cheveux de la tête.
604. 'Hokhma et Binah, Da'at qui est divisé en deux ; 'Hassadim et Guevourot.

Ils sont dix *Sephirot*[605] :
HBD dans les *Téfilin*[606],
'Hessed et *Guevourah* dans
les lanières de la tête.
Tifééret dans le nœud en
arrière ; de là sort Leah.
Les deux lanières qui
descendent : *Netsa'h* et
Hod ; *Netsa'h* jusqu'au thorax, *Hod* jusqu'au nombril.
Dans les *Téfilin* de *Imah* :
קדש, והיה כי יביאך, שמע,
והיה אם שמוע.
Dans les *Téfilin* de *Abah* :
קדש, והיה כי יביאך, והיה אם
שמוע, שמע.

עשר ספירות הם: חב"ד
בתפילין. חו"ג ברצועות של
הראש. ת"ת בקשר
מלאחריהם, שמשם יוצאת
לאה; ב' רצועות יורדות -
נו"ה, נצח עד החזה, והוד עד
הטבור. תפילין מאימא: קדש,
והיה כי יביאך, שמע, והיה
אם שמוע. תפילין מאבא:
קדש, והיה כי יביאך, והיה
אם שמוע, שמע.

i) Une lumière de *Imah*
enveloppe *Z'A* ; ceci est le
Talit blanc. Les cheveux de
Z'A apparaissent après sa
croissance, au moment où
rayonnait sur lui *Imah*, et
que les nouveaux *NHY* [de
Imah] s'épanchent à son
arrière[607] et atteignent son
thorax[608]. [Ces lumières]

ט. ואור מאימא מקיפו לז"א.
זהו טלית לבנה - שערות של
ז"א, אחר גדלותו ששרתה
עליו אימא, והגיעו נה"י שלה
חדשים מאחוריו עד החזה,

---

605. Des *Mo'hin* encerclants représentés par les *Téfilin* de la tête.
606. De la tête.
607. De *Z'A*.
608. De *Z'A*.

מקיף לז"א ומקיף על ראש נוקבא. מקיפו של ז"א - טלית, מקיפה של נוקבא - ציצית שבו.

sont[609] encerclantes pour Z'A, et encerclantes sur la tête de Noukvah.
Encerclant de Z'A – son Talit.
Encerclant de Noukvah – ses Tsitsit.

י. תיקוניה של נוק' - ט"ו נימין בראשה, וצבעם ארגמ"ן. וששה תיקונים בפניה מששה תיקוני דיקנא. כשהם נשלמים נעשים ט'.

j) Les Tikounim de Noukvah[610] sont :
– quinze נימין sur sa tête[611], leur couleur est pourpre.
Six Tikounim sur sa face en regard des six Tikounim de la Dikna [de Z'A]. Lorsqu'ils sont complets; ils atteignent neuf [Tikounim].

יא. תפילין שלה - של יד לז"א, שהם נקשרים בשמאל שלו,
שנאמר (שיר השירים ח, ו):
"שימני כחותם על לבך כחותם על זרועך".

k) Ses Téfilin [de la tête de Ra'hel] sont sur le bras de Z'A, ils s'attachent sur sa gauche, comme il est dit :
« Place moi comme un sceau sur ton coeur, comme un sceau sur ton bras. (Chir Hachirim, 8, 6).

---

609. Ses cheveux.
610. Ra'hel.
611. De là sortent ses cheveux.

Ils [les *Mo'hin* de *Noukvah*] sont construits par *Netsa'h* et *Hod* de *Z'A*, qui comprennent[612] : *'Hokhma* et *Binah* de *Imah*, et *'Hokhma* et *Binah* de *Abah*[613].

ומנו"ה דז"א הם נעשים, שבהם חו"ב מאימא וחו"ב מאבא.

Ceux de *Abah* forment [les *Mo'hin* de] *'Hokhma* et *Binah* de *Noukvah*.
Ceux de *Imah* forment [ses *Mo'hin* de] *'Hassadim* et *Guevourot*, ils[614] se retrouvent dans une seule boîte[615], car *Netsa'h* et *Hod* forment deux parties d'un seul corps.

של אבא נעשים לה לחו"ב, ושל אימא נעשים לה לחו"ג, נכללים בבית אחד, שנו"ה פלגי גופא.

l) *Yessod* de *Abah* est prépondérant entre son *Netsa'h* et *Hod*, il intègre *Yessod* de *Imah*, est prépondérant entre son *Netsa'h* et *Hod* [de *Imah*]. De ce fait, il possède quatre lumières en lui[616], par

יב. יסוד אבא מכריע בין נו"ה שלו, עומד ביסוד אימא ומכריע בין נו"ה שלה; נמצאו בו ד' אורות שמהם תפילין במצחו של יעקב.

---

612. *Netsa'h* et *Hod*.
613. *Abah* et *Imah* font les *Mo'hin* de *'Hokhma* dans *Netsa'h* de *Z'A* et les *Mo'hin* de *Binah* dans *Hod* de *Z'A*.
614. Les quatre *Parachiot*.
615. Les *Téfilin* du bras.
616. *Yessod* et *Abah*.

lesquelles jaillissent les *Téfilin* sur le front de Ya'akov[617].

Celles-ci[618] et celles-ci[619] sortent de Ya'akov, et font les *Téfilin* sur son front. Elles retournent en arrière et forment un nœud derrière lui. Elles retournent[620], et sortent [à travers *Z'A*] jusqu'à ce qu'elles sortent du front de Ra'hel, et font les *Téfilin* sur sa tête[621].

אלו ואלו יוצאים ביעקב ונעשים תפילין במצחו. חוזרים לאחוריהם וקושרים קשר מאחוריו. חוזרים ויוצאים, עד שיוצאים במצחה של רחל, נעשים תפילין בראשה.

Celles [les lumières] de *Yessod* de *Abah* restent dans Ya'akov, celles de *Netsa'h* et *Hod* de *Z'A* restent pour Ra'hel; elles retournent[622] en arrière et font un nœud dans son arrière [de Ra'hel]. Ceux[623] de Ra'hel : קדש, והיה כי יביאך, שמע, והיה אם שמוע.

של יסוד אבא נשארים ביעקב. של נו״ה דז״א נשארים לרחל. חוזרים לאחור וקושרים קשר באחוריה. של רחל: קדש, והיה כי יביאך, שמע, והיה אם שמוע.

---

617. Tefilin du bras de Rabenou Tam.
618. Les quatre lumières dans *Yessod* de *Abah*.
619. Les lumières de *Netsa'h* et *Hod* de *Z'A*.
620. *Or 'Hozer* (lumières réfléchies).
621. La tête de Ra'hel correspondant au bras de *Z'A*.
622. Les lumières de *Netsa'h* et *Hod* de *Z'A*.
623. L'ordre des *Parachiot*.

Ceux de Ya'akov : Les deux והיה, se suivent.

של יעקב: הויות להדדי.

Le *Yessod* de *Z'A* se trouve entre les épaules de Ra'hel ; ceci est le י (*Youd*) [nœud] des *Téfilin* [du bras]. Une lanière sort de lui[624], pour construire la *Noukvah*.
Trois tours sur le biceps – correspondant aux trois premières (*Sephirot*) [*G'aR* de *Noukvah*].
Sept sur l'avant bras – correspondant aux sept (*Sephirot*) inférieures [*Z'aT* de *Noukvah*]
Trois sur le doigt – correspondant aux *NHY* [de *Z'A*] dans son cerveau.

יסודו של ז"א בין כתפיה של
רחל, זה יו"ד שבתפילין.
ורצועה יוצאה ממנה לבנינה
של נוק'.
ג' כריתות בקיבורת - ג"ר,
ז' בזרוע: ז"ת,
ג' באצבע. נה"י שבמוחיה.

m) Un monde est composé de *Adam* [*Partsouf*], de son habit, ses encerclants, et ses *Heikhalot*.

יג. כללו של עולם:
אדם, ולבושו, מקיפיו,
והיכלו.

Que signifie *Adam*[625] ? Il s'agit du *Tikoun* [la structure] de son *Partsouf* – 248

אדם כיצד?
זה תיקונו של פרצופו.

---

624. Du *Youd*.

625. Le *Partsouf* est nommé ici *Adam* car, comme l'homme qui comprend 613 membres, le *Partsouf* comprend 613 lumières.

membres et 365 veines,
NRN en lui, 'Haya et Ye'hida, encerclants au-dessus de
lui.

רמ״ח איברים ושס״ה גידים.
נר״ן בתוכו, ח״י מקיפים
עליו.

La lumière descendit pour
entrer en lui[626] ; une partie
entra, et une partie resta en
dehors, le Kéli[627] ne pouvant entièrement la contenir, elle encercla son Kéli et
encercla tout ce qui est en-
dessous de lui[628]. [Encer-
clantes linéaires].

ירד האור ליכנס בתוכו,
חלק נכנס, וחלק נשאר בחוץ,
שאין הכלי יכול להגבילו,
מקיף לכליו, ומקיף לכל מה
שתחתיו.

De ce qui entra [parmis les
lumières], elles[629] retournèrent, sortirent en dehors et
n'encerclèrent que leur Kéli[630]. [Encerclantes réflé-
chies].

וממה שנכנס - חוזר יוצא
לחוץ ומקיף על כליו בלבד.

Il y a donc deux lumières
encerclantes :
Linéaires [de l'aspect de
Ye'hida], et réfléchies [de
l'aspect de 'Haya].

אלו שני מקיפים: ישר וחוזר.

---

626. Sephira ou Partsouf.
627. De la Sephira ou du Partsouf.
628. Les Sephirot inférieures.
629 Une partie des lumières.
630. De la Sephira.

n) Son *Levouch* [de *Z'oN*] comment [est-il réalisé]? De la frappe des lumières [intérieures du *Partsouf*] entre elles, un habit fut réalisé, et les enveloppe[631] à l'extérieur[632].

יד. לבושו כיצד? מהכאותיהם של אורות נעשה לבוש עליהם מבחוץ.

Il y a *'Hachmal*[633] de *Imah* pour *Z'oN*; car lorsque ses *NHY* [de *Imah*] entrèrent en lui [*Z'A*], sa peau, sa chair, ses os et ses veines [de *Imah*], s'inclurent dans les siens [de *Z'A*]; à l'exception [d'une partie] de la peau [de *Imah*], qui est en surplus à l'extérieur de la sienne [de *Z'A*], et qui le couvre; à cause des yeux des forces négatives[634].

וחשמ"ל יש לזו"ן מאימא, שבשעה שנכנסו נה"י שלה בתוכו - עור ובשר ועצמות וגידין נכללו שלה בשלו, חוץ מן העור שנמצא עודף על שלו מבחוץ, ומכסה עליו מפני עיניהם של חיצונים.

o) Les *Heikhalot* au *Partsouf* correspondent à une maison chez l'homme. Les *Malkhout*[635] des *Sephirot* sont en fait, leurs extériorités[636]

טו. היכלות לפרצוף כבתים לאדם. מלכויותיהם של ספירות - חיצוניות שלהם,

---

631. Pour chaque *Partsouf*.
632. Du *Partsouf*.
633. Nom pour cet habit, sa guématria est égale à *Levouch*.
634. Force extérieure – *Sitra A'hra*.
635. Les *Malkhout* de chaque *Sephira*.
636. Des *Sephirot* ou *Partsoufim*.

– il s'agit des *Heikhalot* ; à l'intérieur se trouve l'image de l'homme [les neuf *Sephirot* supérieures].

אלו ההיכלות.
ודמות אדם - פנימיות בתוכם.

Hormis cette subdivision d'intériorité et d'extériorité, il existe d'autres aspects d'intériorité et extériorité. Cependant, telle est la structure dans chaque monde ; les lumières se subdivisent en plusieurs plans.

לא שאין פנימיות וחיצוניות
אלא זה, אלא שזהו חילוקו
של עולם. חוזרים ומתחלקים
כל אחד בשלו.

p) Il y a sept *Heikhalot* [dans *Beriah*] :
Première – לבנת הספיר (*Livnat Hasapir*)
Deuxième – עצם השמים (*'Etsem Hachamayim*)
Troisième – נוגה (*Nogah*)
Quatrième – זכות (*Zekhout*)
Cinquième – אהבה (*Ahavah*)
Sixième – רצון (*Ratson*)
Septième – קדש קדשים (*Kodech Kodachim*)

טז. ז׳ היכלות הם:

לבנת הספיר,
עצם השמים,

נוגה,

זכות,

אהבה,

רצון

קדש קדשים

[correspondant à :]
Premier *Heikhal* :
   Yessod et *Malkhout*

היכל יסוד ומלכות: אחד.

Deuxième *Heikhal* :
– *Hod*

היכל הוד - אחד.

Troisième *Heikhal* :
– *Netsa'h*

היכל נצח - אחד.

Quatrième *Heikhal* :
– *Guevourah*

היכל גבורה - אחד.

Cinquième *Heikhal* :
– *'Hessed*

היכל חסד - אחד.

Sixième *Heikhal* :
– *Tifeéret*

היכל תפארת - אחד.

Septième *Heikhal* :
– Trois premières [*Sephirot*]

היכל ג' ראשונות - אחד.

Celles ci sont les sept *Hei-khalot* dans *Beriah*, le *Ka-vod* [la gloire] du *Makom*[637] s'épanche en eux. Chaque *Heikhal* possède un *Nefech* et un *Roua'h*, le *Kavod* est leur *Nechama* dans le sep-tième *Heikhal*[638].

אלו ז' היכלות שבבריאה, שבהם כבודו של מקום מתפשט בתוכם. נפש ורוח לכל אחד, והכבוד נשמה להם בהיכל השביעי.

[Il existe] Trois fonctions [pour les *Heikhalot*] :
– Les êtres séparés s'atta-chent à leurs racines.

וג' דברים משמשים: נקשרים בהם התחתונים בשרשם,

---

637. Gloire du כבוד – *Malkhout* de *Atsilout*.
638. קדש קדשים.

– Les *Tsadikim* se réjouissent de la présence divine.
– Les anges de service reçoivent à partir d'eux, leurs fonctions.

ונהנים הצדיקים מזיו השכינה, ומלאכי השרת מקבלים מהם פעולתם.

q) A la fin[639] de *Atsilout*, il existe un rideau, il est construit à partir des lumières de *Imah*.

יז. בסופו של אצילות - מסך, מאורה של אימא הוא נעשה.

[De ce rideau découle] *'Hachmal* qui descend et encercle en-dessous des jambes de *Z'oN*; les lumières de *Atsilout* passent à travers lui, et font *Beriah*. *Beriah* procède donc de *Imah*.

חשמ"ל יורד ומקיף מתחת רגליהם של זו"ן, ואורות של אצילות עוברים בו ועושים בריאה. נמצאה בריאה מסודה של אימא.

Entre là [*Beriah*] et *Yetsirah*, il y a deux rideaux : Un rideau de *Imah* à *Z'oN*, un rideau de *Z'A* à *Noukvah*. *Yetsirah* procède donc de *Z'A*.

ממנה ליצירה מסך על מסך: מסך מאימא לזו"ן, ומסך מז"א לנוק'. נמצאת יצירה מסודו של ז"א.

Entre là [*Yetsirah*], et *'Assiah*, il y a un rideau disposé sur deux [rideaux], un rideau de *Imah* à *Z'oN*, un rideau de

ממנה לעשייה מסך על שנים: מסך מאי' לזו"ן,

---

639. Au-dessous.

Z'A à *Noukvah*, et un rideau de *Noukvah* au monde en dessous d'elle. *'Assiah* procède donc de *Noukvah*.

ומסך מז"א לנוקבא,
מסך מנוק' לעולם שתחתיה.
נמצאת עשייה מסודה של
נוק'.

r) Le nom de *Atsilout* est[640] *'AV*.

יח. שמו של אצילות - ע"ב.

SaG, *MaH* et *BaN* descendirent[641] dans *Beriah*, Yetsirah et *'Assiah*. Ils retournèrent et montèrent. *MaH* monta et habilla *SaG*, *BaN* monta et habilla *MaH*.

ירדו ס"ג מ"ה ב"ן לבי"ע.
חזרו ועלו.
עלה מ"ה והלביש על ס"ג,
עלה ב"ן והלביש על מ"ה.

BaN est donc au-dessus de tous, ceci est le *Ma'aké* (מעקה)[642], afin que les extrémités des lumières ne soient découvertes quand elles sont en bas, et que les *Kélipot* ne s'attachent pas à elles. Comme il est dit : « Tu établiras un parapet autour du toit, pour éviter que ta maison soit cause d'une mort si quelqu'un venait à en tomber. » (Devarim, 22, 8).

נמצא ב"ן למעלה מכולן, זה
מעקה,
שלא יהיה סיומם של אורות
כשהם למטה,
ולא יהיו הקליפות אוחזות
בהם,
שנאמר (דברים כב, ח):
"ועשית מעקה לגגך ולא
תשים דמים בביתך כי יפול
הנופל ממנו".

---

640. De l'aspect *'AV* dont le *Milouy* = 72.
641. Lors de la brisure des *Kélim*.
642. Parapet ou rampe.

s) Ceux ci sont les quatre mondes sur lesquels le Seigneur seul, règne sur toute Sa création. Le service divin des créatures est relatif à tous[643] [les quatre mondes]. L'unicité [יקוק] du *Ein Sof B'H*, est souveraine dans tous [ces mondes], ainsi que le maître des prophètes proclame :

« Ecoute Israël H' est notre D.ieu H' est Un » (Devarim, 10, 4).

יט. אלו ד׳ עולמות שבהם מולך אדון יחיד על מעשיו.

עבודתם של תחתונים בכולם.

ויחודו של א״ס ב״ה מתיחד בכולם.

הוא שרבן של נביאים אומר (דברים י, ד):

"שמע ישראל ה׳ אלהינו ה׳ אחד".

---

643. Pour faire le *Tikoun* de tous les mondes.

Neuvième chapitre

a) Des *Sephirot*, procèdent trois ramifications : Les anges, la *Sitra A'hra*, (les êtres matériels) [et les *Nechamot*]. Un ange, pour chaque mission. Les *Sephirot* décrètent, les anges accomplissent, comme il est dit : « Bénissez l'Eternel, vous, Ses anges, héros puissants, qui exécutez Ses ordres, attentifs au son de Sa parole. » (Tehilim, 103, 20)

b) La *Sitra A'hra*, d'ou procède t-elle[644] ? Comme il est dit :
« Je forme la lumière et crée les ténèbres, J'établis la paix et crée le mal. » (Isaïe, 45, 7).
Il forme la lumière ; il s'agit de la droite. Il crée l'obscurité ; il s'agit de la gauche. Il fait la paix ; ce sont les anges de paix, crée le mal ; il s'agit de *S'M*[645].

פרק תשיעי

א. תולדותיהם של ספירות ג':
מלאכים, סטרא אחרא
(גשמים) [ונשמות]. לכל
שליחות - מלאך. הספירות
גוזרות והמלאך עושה,
שנאמר (תהלים קג, כ):
"ברכו ה' מלאכיו גבורי כח
עושי דברו לשמוע בקול
דברו".

ב. ס"א כיצד - זהו שנאמר
(ישעיה מה, ז):
"יוצר אור ובורא חושך עושה
שלום ובורא רע".
יוצר אור - זה הימין, ובורא
חושך - זהו בשמאל, עושה
שלום - אלו מלאכי שלום,
ובורא רע - זה סמ'.

---

644. Comment est elle faite.
645. Nom de l'ange destructeur : Samaël, ou *S'M*.

Les anges de paix forment dix groupes ; ils servent les dix *Sephirot* de droite.

Les anges de destruction forment dix niveaux ; ils servent les dix *Sephirot* du côté gauche[646]. A leur propos, il est écrit :

« Même ceci en regard de cela, D.ieu fit. » (Kohelet, 7, 14).

c) Quatre niveaux – quatre *Kélipot* (écorces) ; il s'agit des mondes de *S'M* ; elles obstruent la lumière des *Sephirot*, et l'éloigne[647] [du monde]. A cause des [mauvaises] actions des êtres inférieurs[648], ces forces[649] surgissent, et font le mal dans le monde.

[Il existe quatre *Kélipot* :]
– נגה – (*Nogah*) – l'éclat.
– ענן גדול – ('*Anan Gadol*) – une nuée épaisse.

מלאכי שלום - עשר כתות,
משמשין לעשר ספירות של
ימין.
מלאכי חבלה - עשר מדריגות,
משמשין לעשר ספירות מצד
שמאל.
עליהם הוא אומר (קהלת ז, יד):
"גם את זה לעומת זה עשה
האלהים".

ג. ד' מדריגות - ד' קליפות,
עולמיו של סמ',
סותמים אורם של ספירות
ומסלקים אותו,
במעשה התחתונים באים,
ועושים רעה בעולם:

נוגה,
ענן גדול,

---

646. Du côté d'en bas.
647. Eloigne l'homme.
648. Les hommes.
649. Les anges destructeurs.

– מתלקחת אש – (*Eich Mitlaka'hat*) – un feu dévorant et

– רוח סערה – (*Roua'h Sé'arah*) – un vent de tempête.

ואש מתלקחת,
ורוח סערה;

Ainsi qu'il est écrit dans Ezekhiel :
« Or, je vis soudain un vent de tempête venant du Nord, un grand nuage et un feu tourbillonnant avec un rayonnement tout autour, et au centre du feu, quelque chose comme le *'Hachmal*» (Ezechiel, 1, 4).

שכן מפורשים ע״י יחזקאל
(א, ד):
"וארא והנה רוח סערה באה מן־הצפון ענן גדול ואש מתלקחת ונגה לו סביב ומתוכה כעין החשמל מתוך האש".

d) Quatre *Kélipot* – quatre mondes pour chacune. En eux [chaque monde], il y a cinq *Partsoufim* en dix *Sephirot*.

ד. ד׳ קליפות - ד׳ עולמות לכל אחת, שבם ה׳ פרצופים בעשר ספירות.

Les *Tikounim* des êtres inférieurs sont relatifs aux quatre mondes [supérieurs; ABYA], et leurs détériorations atteignent les quatre mondes [d'en bas]. Si les êtres inférieurs méritent, le Seigneur dirige avec miséricorde, et le « policier » passe

שתיקוניהם של תחתונים בד׳ עולמות,
ופגמיהם בד׳ עולמות.
זכו התחתונים -
האדון מנהג ברחמים,
והשוטר עובר מפניו.

outre. Si ils pèchent, le Miséricordieux s'éloigne, le « policier » exerce la rigueur sur les coupables. Ce n'est que lorsque le Seigneur s'éloigne, que le « policier » agit. Comme il est dit : « La colère de L'Eternel éclata ainsi contre eux, et Il se retira. La nuée ayant disparu du dessus de la tente, Miriam se trouva couverte de lèpre, blanche comme la neige. » (Bamidbar, 12, 9,10).

e) La racine des *Kélipot*[650] procède de l'ordre des rigueurs. De certaines rigueurs ; la *S'A* est maîtrisée, à partir d'autres [rigueurs], elle s'amplifie ; tout dépendant des actions des êtres inférieurs. Comme il est écrit :
« Vous observerez donc Mes lois et Mes statuts, parce que l'homme qui les pratique obtient, par eux, la vie... » (Vayikra, 18, 5).

חטאו:
בעל הרחמים נסתלק, והשוטר עושה דין בחיים.
בסילוקו של אדון מעשהו של שוטר,
הוא שנאמר (במדבר יב, ט-י):
"ויחר אף ה' בם וילך והענן סר מעל האהל והנה מרים מצורעת כשלג".

ה. סדרי הדינים - אלה שרשים של קליפות, מהם מכניעים אותה, ומהם - מגביהים אותה, לפי מעשיהם של תחתונים.
הוא שהכתוב אומר (ויקרא יח, ה):
"ושמרתם את חוקותי ואת משפטי אשר יעשה אותם האדם וחי בהם".

---

650. Cette racine est du côté de la *Kedoucha*.

Dixième chapitre

a) Le service divin est attribué aux âmes. Elles possèdent cinq noms : *Nefech*, *Roua'h*, *Nechama*, *'Haya*, et *Ye'hida*. Leurs racines dérivent des cinq *Partsoufim*. Ainsi, *'Haya* et *Ye'hida* sont de *Atsilout*, *Nechama* de *Beriah*, *Roua'h* de *Yetsirah*, et *Nefech* de *'Assiah*.

La force de l'homme s'épanche donc de *Malkhout* de *'Assiah* jusqu'à *Keter* de *Atsilout*.

Ainsi qu'il est écrit : « Faisons l'homme à Notre image, à Notre ressemblance, et qu'il domine sur les créatures de l'océan... » (Berechit, 1, 26).

b) Le *Tikoun* de la *Nechama*[651] est réalisé par le *Guilgoul* [réincarnation], et le *'Ibour* [l'attachement ou rajout].

פרק עשירי

א. עבודתו של מקום -
לנשמות.
ה' שמות הם: נר"ן ח"י, מה'
פרצופים.
חיה יחידה מאצילות,
נשמה מבריאה,
רוח מיצירה,
נפש מעשייה.

נמצא כחו של אדם
ממלכותו של עשייה עד כתרו
של אצילות.
זהו שנאמר (בראשית א, כו):
"נעשה אדם בצלמנו כדמותנו
וירדו בדגת הים".

ב. תיקוניה של נשמה - גלגול
ועיבור.

---

651. Le nom général de l'âme en hébreu est *Nechama*.

De quelle manière ? Le service de la *Nechama* se traduit par l'accomplissement des 613 *Mitsvot* ; lorsqu'elle les a accomplit, elle monte au repos ; sinon, elle revient et se réincarne. Elle ne se réincarne pas complètement, mais seulement de ses parties qui nécessitent le *Tikoun*.

c) Qu'est-ce qu'un *Guilgoul*, et qu'est-ce qu'un *'Ibour* ? Le *Guilgoul* est [la réincarnation d'une âme dans un corps] à partir de la naissance jusqu'à la mort. Le Ibour [est un rajout d'une autre âme à son âme primaire, elle] peut venir et repartir à n'importe quel moment.

Pour les *Mitsvot* qu'elle était obligée d'accomplir ; l'âme les accomplit par le *Guilgoul*, *pour celles qu'elle n'était pas contrainte de faire*[652] ; *elle les accomplit par le 'Ibour*, qui repart ensuite.

כיצד ?

עבודתה של נשמה תרי"ג מצוות, השלימתם - עולה למנוחה,
ואם לאו - חוזרת ומתגלגלת.
לא כולה מתגלגלת,
אלא חלקיה הצריכים תיקון.

ג. איזהו גלגול ואיזהו עיבור ?
גלגול - משעת לידה ועד מיתה ;
עיבור - ביאתו בכל שעה, ויציאתו בכל שעה.

מצוות שנתחייבה בהם - משלימתם בגלגול,
ושלא נתחייבה בהם - בעיבור משלימתם, והולכת לה.

---

652. *Mitsva* qu'il lui était impossible de réaliser, tel que : Circoncision pour un fils qu'il n'a pas eu, etc.

Les *Tsadikim* se réincarnent jusqu'à une millième génération, quant aux pécheurs ; jusqu'à quatre générations. Comme il est écrit : « Pour le quatrième, Je ne le révoquerai pas... » ('Amos, 1, 3).

צדיקים מתגלגלים לאלפים,
רשעים עד רבעים,
שנא' (עמוס א, ג):
"ועל ארבעה לא אשיבנו".

d) *Nefech* vient en premier lieu, ensuite vient *Roua'h*. Après *Roua'h* viendra *Nechama*, ensuite *'Haya* et *Ye'hida*. Il y a des enveloppes pour toutes les âmes. *Nefech*, *Roua'h* et *Nechama* se réincarnent indépendamment.

ד. נפש בא בתחלה,
ואחריו רוח,
ואחריו נשמה,
וח"י אחריהן.
לכל נשמה לבושים.
מתגלגלת נפש לבדה ורוח
לבדו ונשמה לבדה.

Les âmes s'habillent d'enveloppes d'origine différentes d'elles. Toutes les âmes ne sont pas égales ; les nouvelles ne sont pas comme les anciennes ; les réincarnées une première fois, ne ressemblent pas à celles réincarnées deux fois. Sur toutes [ces âmes] il est écrit : « Et ces événements sont manœuvrés sous Son impulsion, selon leur fonction, pour exécuter Ses ordres... » (Job, 37, 12).

ומרכיבים נשמות בלבושים
שלא במינם.
לא כל הנשמות שוות:
שלא כחדשות הישנות,
ולא כמגולגלות אחת
המגולגלות שתים.
ועל כולם הוא אומר (איוב
לז, יב):
"והוא מסבות מתהפך
בתחבולותיו לפעלם".

«... Mais D.ieu n'expulse personne [du *Tikoun*], et Il combine Ses desseins en vue de ne pas repousser à jamais celui qui est banni de Sa présence. » (Samuel 2, 14, 14).

ואומר (שמואל ב יד, יד):
"וחשב מחשבות לבלתי ידח ממנו נדח".

Et il est écrit : « Tous ceux qui se réclament de Mon Nom, tous ceux que, pour Ma gloire, J'ai créés, formés et organisés. » (Isaïe, 43, 7).

ואומר (ישעיה מג, ז):
"כל הנקרא בשמי ולכבודי בראתיו יצרתיו אף עשיתיו".

« D.ieu reignera à jamais » (Chemot, 16, 18)

ואומר (שמות טו, יח):
"ה' ימלוך לעולם ועד".

« Et ton peuple ne sera composé que de justes qui posséderont à jamais ce pays, eux, rejetons que J'ai plantés, œuvre de Mes mains, dont Je Me fais honneur. » (Isaie 60, 21)

ואומר (ישעיה ס, כא):
"ועמך כולם צדיקים לעולם ירשו ארץ נצר מטעי מעשי ידי להתפאר".

Bibliographie

Ram'hal

כללות האילן הקדוש
פתחי חכמה ודעת
קלח פתחי חכמה
כללים ראשונים
אדיר במרום

Ari Z'al
כתבי האר
עץ חיים
שער רוח הקודש
שער הגלגולים

ספר הזהר
The Zohar
Rabbi Shim'on Bar Yo'hai

Rabbi Moshe Hayim Luzzatto, Le Flambeau de la Cabale
Rav Mordekhai Chriqui, Editions Ramhal

Kabbalah Dictionary
Rabbi Raphael Afilalo, Kabbalah Editions

Kabbalah Glossary
Rabbi Raphael Afilalo, Kabbalah Editions

Kabbalah concepts
Rabbi Raphael Afilalo, Kabbalah Editions

דרך חכמת האמת לרמחל
Rav Mordekhai Chriqui, Editions Ramhal, Jerusalem

האילן הקדוש לרמחל
Rav Shalom Oulman (Jerusalem)

L'œuvre publiée du Ramhal

1) *Kalah Pith'e 'Hokhma*
Synthèse de la Cabale Lourianique sous forme de 138 chapitres suivie d'un long commentaire sur chaque chapitre.
Koretz,1785; Krakaü,1830; etc. Jérusalem 1987

2) *Pithe 'Hokhma Vadaat*
Traité sur la Cabale Lourianique.
Varsovie, 1884, Jérusalem 1961, Bné-Brak 1986

3) *'Hoker Oumekoubal*
Discussion entre le chercheur (philosophe) et le cabaliste sous forme d'un dialogue de 30 chapitres. Les derniers chapitres ont été assimilés au Milhemet Moché.
Sklov,1784; Lemberg, 1800; etc. Bné-Brak 1986

4) *Adir Bamarom*
Commentaire systématique sur Idra Rabba (partie centrale du Zohar de Rabbi Chimon Bar Yohaï).
Varsovie,1886; Jérusalem 1961, Jérusalem 1988.

5) *Da'at* Tévounot
Discussion entre l'âme et l'intellect sur des thèmes généraux de la foi juive. La seconde partie du livre est consacrée à la rationalisation de la Cabale.
Varsovie, 1889 et 1891, Bné Brak 1983.

6) *Kincat Hachem Tsevaot*
La réfutation du Sabbataïsme et la défense de la Cabale traditionnelle.
Konigsberg,1862 Bné Brak, 1984

7) *Meguilat Setarim*

Appelé aussi Razin Guenizine est un commentaire sur le Pentateuque et quelques livres des Hagiographes, Le texte est écrit en araméen dans le style du Zohar.
Varsovie 1889, Jérusalem 1961, Bné Brak 1986.

8) *Mil'hemet Moche*
Voir *'Hoker Oumekoubal*
Varsovie 1889, Jérusalem 1961

9) *Messilat Yécharim*
La voie des justes, ouvrage de morale basé sur la maxime de Rabbi Pinhas ben Yair - (Talmudiste du 2e siècle)
Publié par l'auteur à Amsterdam en 1740.
Zolkiew,1766 ; Montoue 1781 ; Chlov 1784 etc. Jérusalem 1978.

10) *Sepher Hakelalim* (*Richonim*)
Le livre des principes, Introduction à la Cabale sous forme de principes méthodologiques. Varsovie 1889, etc.
Jérusalem 1961, Bné Brak 1983.

11) *Kelalim Cheniyim* – Seconds Principes
Deuxième introduction à la Cabale, suite du livre précédent.
Même édition, Bné Brak, 1986

12) *Kelalout Hailan Hakadoch*
Appelé aussi Assara Pirke Michna,
Généralités sur l'arbre mystique expliquant la méthode cabalistique de la transcendance selon le « *'Ets 'Hayim*» du Ari Z'al. Même édition.

13) *Binyane 'Olam*
Structure du monde, ce petit livre décrit les différentes créatures selon les *Sephirot*
Même édition.

14) *Sod Hachem Lireav*
Le secret de D.ieu à ceux qui Le craignent, mettant la relation entre la direction du monde ici-bas et D.ieu.
Même édition.

15) *Michkenei 'Elyone*
Le Temple suprême, Description méthodologique et systématique du troisième temple de Jérusalem selon la structure du Temple d'En-Haut.
Bné Brak 1984.

16) *Maamar Vayhi Mikets*
Notes et commentaires sur la sidra de Vayhi Mikets (Genèse),
Même édition.

17) *Biourim 'Al Otsroth 'Hayim*
Commentaires sur les « trésors de la vie » de Rabbi 'Hayim Vital.

18) *'Assara Oroth*
Les 10 Lumières ; sur l'extase de l'âme.
Même édition.

19) *Pinot Hamerkava*
Description du Chariot céleste selon les *Sephirot*.
Même édition.

20) *Tikounim Hadachim*
Les (70) nouvelles réparations, ouvrage écrit en araméen commentant la dernière phrase du Pentateuque de Moïse. Ce livre entre dans la catégorie des livres sacrés du même style que le Zohar.
La seule édition, Tel Aviv 1958.

21) *Kitsour Cha'ar Hakavanot*
   Résumé de la porte des méditations. Ouvrage consacré au
   rôle de la prière dans ses différentes phases d'élévation.
   Bné Brak 1978.

22) *Massekhet Roch Hachana*
   Traité cabalistique sur Roch Hachana, 10 chapitres qui
   relatent le secret de la fête juive.
   Bné Brak 1978.

23) *Taktou Téfilot*
   515 prières mettant en action le rôle du *Yi'houd* –
   l'unification céleste et le Kivouy – l'espérance messia-
   nique. – Israël 1979.

24) *Derekh Hachem*
   Traité remarquable en quatre parties. Sur D.ieu et le but
   de la création; La direction du monde et la providence
   divine; l'âme humaine; le service sacré.
   Amsterdam 1896, – Jérusalem 1981.

25) *Derekh Tevounot*
   La voie des connaissances, Introduction méthodologique
   au Talmud. Publié par l'auteur.
   Amsterdam 1742, Lemberg 1833, Minsk 1835 – Jérusalem
   1976.

26) *Derekh 'Hokhma*
   La voie de la sagesse, Dialogue entre le maître et l'élève sur
   le but de l'homme et le service sacré - (Beaucoup de thèmes
   philosophiques sont traités en profondeur).
   Amsterdam 1783, 1785, 1788, Lodz 1913

27) *Derekh 'Ets 'Hayim*
La voie de l'arbre de vie. Introduction philosophique au
'Ets 'Hayim.
Même édition que le *Messilat Yecharim.*

28), 29), 30), 3) *Maamar Al Hahagadot*; *Maamar Ha'ikarim*;
Maamar Ha'hokhma; *Maamar Hagueoula.*
Recueils sur les *Aggadot*; sur les principes de la foi; sur la
sagesse, sur la délivrance; Écrits sous forme de sermons.
Amsterdam 1783 – Jérusalem 1965,

32) *Sepher Hahigayon*
La logique, traité sur les différentes méthodes d'analyse et
de réflexion intellectuelle. Varsovie 1897.

33) *Lechon Limoudim*
La Rhétorique en trois parties;
1) 5 chapitres concernant les principes de la rhétorique
   dans le langage;
2) 10 chapitres traitant les principes de la rhétorique en
   hébreu;
3) 3 chapitres, traitant le style de la poésie.
Mantoue 1724 – Berlin 1750 – Israël 1945.

34) *Iguereth Hamelitsa*
Resumé du Lechon Limoudim
Novodvor 1796.

35) *Maamar 'Al Hadracha*
Chapitre sur l'élocution, écrit en 1742 publié dans le
Kerem. Hemed,Vl, 1-3 : Prague 1841.

36) *Ma'asse Chimchone*
Drame, écrit en 1724 en trois actes
Tel Aviv 1927.

37) *Migdal 'Oz*
Drame, la Tour de Gloire en quatre actes
Ecrit à Padoue en 1727 Leipzig, 1837, Lemberg 1850, – Tel
Aviv 1927, Jérusalem 1972

38) *Layecharim Tehila*
Gloire aux justes, Drame allégorique publié par l'auteur.
Amsterdam 1743 – Berlin 1780 – Jérusalem 1981.

39) *Yam Veyabacha*
Poème de 246 versets écrit pour le mariage d'Isaac Marini
(Yam) et de Judith Italia (Yabacha).
Oxford 1853, Londres 1854 – Lemberg 1879.

40) *Chants Et Poemes* (une vingtaine)
Ecrits pour les différentes occasions heureuses et malheu-
reuses.
Venise n.d. ; Frienze 1910 – Frankfort 1910 – Paris 1899 –
Vilna 1844 – Krakaü 1892.

41) *Chir Hanoukat Haarone*
Collection de chants et de psaumes à l'occasion de
l'inauguration de la synagogue sépharade de Padoue, 7
psaumes sur 150 sont publiés dans ce livre.
Venise 1729, Leipzig 1837, Jérusalem 1982.

42), 43), 44) *Maamar Arimat Yadi Betseloutine*; *Maamar
Hareoutne, Maamar Parachat Michpatim*
Différents commentaires sur certains passages du Zohar,
Bné Brak, 1984.

45), 46), 47),48) *'Halom Daniel – Richa Vessifa – 'Heth Adam
Harichon –*
Arimat Yadi – Chive'a Malkin
Thèmes mystiques sur le rêve de Daniel, la faute d'*Adam*,
Prière de R. Chimon, les 7 Rois.

Publié dans Adir Bamarom II.
Jérusalem 1988.

49) *Kaf Dalet Kichoute Kala*
Les vingt-quatre ornements de la fiancée, description de la
Malkhout et de ses vingt-quatre états.
Jérusalem 1984 selon Varsovie 1889.

Plusieurs autres écrits ne sont pas encore publiés, ou
introuvables.

Livres traduits du Ramhal

En Français

Derekh Hachem
La Voie de D.ieu
Traduit par : Rav Mordekhai Chriqui
Editions Ramhal, Jérusalem

Messilat Yecharim
La Voie des Justes
Traduit par : Rav Mordekhai Chriqui
Editions Ramhal, Jérusalem

Da'at Tevounot
Les Voies de la Direction Divine
Traduit par : Rav Mordekhai Chriqui
Editions Ramhal, Jérusalem

Chiv'im Tikounim
Les Soixante Dix Arrangements 1 et 2
Traduit par : Rav Daniel Cohen
Editions Ramhal, Jérusalem

'Hoker Oumekoubal
Le Philosophe et le Cabaliste
Traduit par : Joëlle Hansel
Editions Verdier

En Anglais

Aux Editions : Philipp Feildheim

Messilat Yecharim ;
The Path of the Just.
Traduit par : Shraga Silverstein

Da'at Tevounot
The Knowing Heart
Traduit par : Shraga Silverstein

Derech Hachem
The way of G.
Traduit par : Rav Ariyeh Kaplan

Sepher Haigayon
The book of Logic
Traduit par : Rav Chayim Tscholkowsky

Derech Tevounot
The Ways of Reason
Traduit par : Rav Chayim Tscholkowsky

Derech 'Hokhmah
The Path of Wisdom
Traduit par : Rav Yitzchok Spring
Editions : Shaarei Chokhmah Institute Emanuel

Glossaire

A'A	*Partsouf Arikh Anpin*
A'K	*Adam Kadmon*
'AV	*Milouy* (appellation) du nom de יקוק ayant comme total 72
ABYA	*Atsilout, Beriah, Yetsirah* et *'Assiah*
Adam Kadmon	L'homme primordial Monde au dessus de *Atsilout*
Ari Z'al	Rabbi Isaac Louria Achkenazi Auteur du « *'Ets 'Hayim* »
Arikh Anpin	*Partsouf* – Long visage.
Arrières	*Sephirot Netsa'h, Hod* et *Yessod*
'Assiah	Monde de l'action – de l'homme
ASMB	*'AV, SaG, MaH*, et BaN
Atsilout	Monde de l'émanation
Autiot	Lettres
B'H	*Baroukh Hou* – Béni soit-Il
BaN	*Milouy* (appelation) du nom de יקוק ayant comme total 52
Beriah	Monde de la création – des âmes
Chekhina	Présence divine
D'ouN	Masculin et féminin

Dikna	Barbe (illuminations du visage)
Din	Rigueur
E'S	*Ein Sof*, Le Sans Fin
Ein Sof	Le Sans Fin
'Ets 'Hayim	Oeuvre maîtresse du Ari Z'al
G'aR	Les trois premières *Sephirot*
Guilgoul	Réincarnation
Hachekhina	La présence divine
'Halal	Vide
'Hachmal	Nom d'un *Levouch*
HBD	*'Hokhma*, *Binah* et *Da'at*
'Hessed	Bonté
HGT	*'Hessed*, *Guevourah* et *Tifeéret*
'Igoulim	*Sephirot* circulaires
'Ibour	Attachement
ISOT	*Partsoufim Israël Saba* et *Tévounah*
ISOT 2	Deuxièmes *Partsoufim Israël Saba* et *Tévounah*
Kav	Rayon
Kéli	Récipient
Kélim	Récipients
Kélipot	Ecorces (forces négatives)
Kilkoul	Détérioration
Levouch	Habit

Lumières réfléchies	Lumières qui remontent
M'D	*Mayim Doukhrin*
M'N	*Mayim Noukvin*
Maguid	Mentor celeste
MaH	*Milouy* (appellation) du nom de יקוק ayant comme total 45
Ma'aké	Parapet
Makifin	Lumières encerclantes
Makom	Endroit, espace. Un des noms de D.ieu
Malkin	Rois d'Edom – correspondants aux *Z'aT*
Matatron	Le grand Prince des anges
Mayim Doukhrin	Eaux masculines
Mayim Noukvin	Eaux féminines
Milouy	Les lettres qui sont rajouter après avoir épeler chaque lettre individuellement
Mo'hin	Cerveaux
Nékoudim	Points
Nessirah	Coupure
Netsotsot	Etincelles
NHY	*Netsa'h, Hod* et *Yessod*
Nekoudot	Voyelles
NRN	*Nefech, Roua'h* et *Nechama*
NRNHY	*Nefech, Roua'h, Nechama, 'Haya* et *Ye'hida*

Noukvah	Le Fémimin
	Sephira Malkhout, Ra'hel, Leah
'Olam	Monde
'Olam Ha'akoudim	Le monde des attachés
'Olam Hanekoudim	Le monde des points
Or	Lumière
Or 'Hozer	Lumières réfléchies
Partsouf	Visage : Configuration d'une ou plusieurs
	Sephirot qui agissent en coordination
Partsoufim	Pluriel de *Partsouf*
Radl'a	La tête inconnue
Ra'hamim	Miséricorde
Rechimou	Empreinte
S'M	Nom de l'ange destructeur
Sabbataï Tsevi	Faux messie qui se convertit à l'Islam
SaG	*Milouy* (appellation) du nom de יקוק ayant comme total 63
Sephira	Lumière contenue dans une qualité donnée
Sephirot	Pluriel de *Sephira*
Sitra A'hra	Côté négatif
Sod	Secret
Tagin	Couronnes sur les lettres
Ta'amim	Signe de cantillation
Tikoun	Réparation ou action

Tipah	Goutte
Tsimtsoum	Contraction ou retraction
Yachar	Droit (*Sephirot* en trois piliers)
Yetsirah	Monde de la formation – des anges
Yi'houd	Unification
Z'A	*Ze'ir Anpin* (petit visage)
Z'aT	Sept *Sephirot* inférieures
Z'oN	*Ze'ir Anpin* et *Noukvah*
Ze'ir Anpin	*Partsouf* – Petit visage
Zivoug	Union
Zivougim	Unions
Zohar	Livre de la Splendeur, écrit par Rabbi Chimon Bar Yo'hai

Tables

Ame	Monde
Ye'hidah	Atsilut
'Hayah	Atsilut
Neshama	Beriah
Roua'h	Yetsirah
Nefesh	'Asiah

Ame	Partsouf
Ye'hidah	Arikh Anpin
'Hayah	Abah
Neshama	Imah
Roua'h	Zeir Anpin
Nefesh	Nukvah

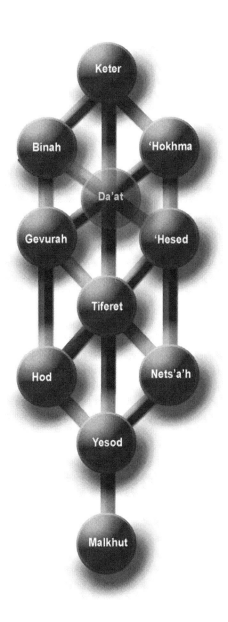

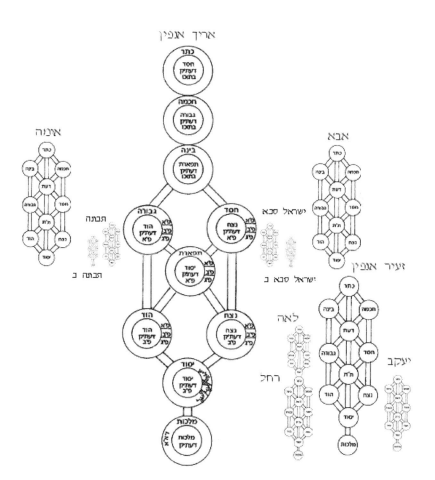

Sephira		Colonne	Position
Keter	Couronne	Miséricorde	Centre
'Hokhma	Sagesse	Bonté	Droite
Binah	Discernement	Rigueur	Gauche
Da'at	Connaissance	Miséricorde	Centre
'Hesed	Bonté	Bonté	Droite
Gevourah	Rigueur	Rigueur	Gauche
Tiferet	Beauté	Miséricorde	Centre
Netsa'h	Gloire	Bonté	Droite
Hod	Splendeur	Rigueur	Gauche
Yesod	Fondation	Miséricorde	Centre
Malkhout	Royauté	Miséricorde	Centre

Rigueur	Miséricorde	Bonté
	Keter Couronne	
Binah Discernement		**'Hokhma** Sagesse
	Da'at Connaissance	
Gevourah Rigueur		**'Hesed** Bonté
	Tiferet Beauté	
Hod Splendeur		**Netsa'h** Gloire
	Yesod Fondation	
	Malkhout Royauté	

Sephira	Metal	Direction
'Hesed	Argent	Sud
Gevourah	Or	Nord
Tiferet	Cuivre	Est
Netsa'h	Etain	Dessus
Hod	Plomb	Dessous
Yesod	Argent	Ouest
Malkhout	Fer	Centre

Sephira	Jour
'Hesed	Dimanche
Gevourah	Lundi
Tiferet	Mardi
Netsa'h	Mercredi
Hod	Jeudi
Yesod	Vendredi
Malkhout	Shabbat

Sephira	Planète
'Hesed	Lune
Gevourah	Mars
Tiferet	Soleil
Netsa'h	Venus
Hod	Mercure
Yesod	Saturne
Malkhout	Jupiter

Sephira	Correspondence Physique	Face
Keter	Tête	Tête
'Hokhma	Cerveau droit	Cerveau droit
Binah	Cerveau gauche	Cerveau gauche
'Hesed	Bras droit	Oeil droit
Gevourah	Bras gauche	Oreille droite
Tiferet	Corps	Narine droite
Netsa'h	Jambe droite	Oeil gauche
Hod	Jambe gauche	Oreille gauche
Yesod	Organe masculin	Narine gauche
Malkhout	Couronne sur l'organe masculin	Bouche

Sephira	Qualité
Keter	Ultime bonté pour tous, même aux non méritants.
'Hokhma	Bonté pour tous, même aux non méritants, mais moins que *Keter*, et pas toujours.
Binah	Bonté à tous, même aux non méritants, mais à partir d'elle, la rigueur commence.
Da'at	Fait l'équilibre entre *'Hokhma* et *Binah*
'Hesed	Complète bonté, mais à qui mérite.
Gevourah	Pleine rigueur à qui mérite.
Tiferet	Bonté et fait l'équilibre entre la bonté et la rigueur.
Netsa'h	Bonté diminuée à qui mérite.
Hod	Rigueur diminuée à qui mérite
Yesod	Fait l'équilibre entre *Sephira Netsa'h* et *Hod* pour la direction
Malkhout	Traduit toutes les émanations supérieures en une qui soit reflétée à la création. C'est le lien ou le raccordement entre toutes les *Sephirot* et l'homme.

לעלוי נשמת

Abraham David Hanania Afilalo bar
Mira ז'ל

לעלוי נשמת

Salomon Afilalo ז'ל

Mira Afilalo ז'ל

לעלוי נשמת

Rav Abraham Chocron ז'ל

Gracia Chocron ז'ל

לעלוי נשמת

Rav Yeich Revah ז׳ל

Joseph Revah ז׳ל

Yacot Revah ז׳ל

Sylvie Revah ז׳ל

Israel Kakone ז׳ל

Simi Kakone ז׳ל

Mardoche Kakone ז׳ל

Salomon Kakone ז׳ל

לעלוי נשמת

Deborah Elbaz Bat Aziza ז׳ל

La'hziz Gozlan ז׳ל

Its'hak Chokron ז׳ל

Moshe Afilalo ז׳ל

Meyer Ohayon ז׳ל

David Ohnona ז׳ל

Richard Gabbay ז׳ל

Eliran Elbaz ben Yardena ז׳ל

David Levy ז׳ל

With the compliments of

Armand & Ria Afilalo

Made in United States
Orlando, FL
12 August 2024

50275088R00183